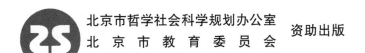

北京市哲学社会科学规划办公室
北京市教育委员会　资助出版

北京现代物流研究基地
年度报告
（2021）

姜　旭　编

中国财富出版社有限公司

图书在版编目（CIP）数据

北京现代物流研究基地年度报告 . 2021 ／姜旭编 . —北京：中国财富出版社有限公司，2023.10

ISBN 978－7－5047－7881－9

Ⅰ. ①北…　Ⅱ. ①姜…　Ⅲ. ①区域—物流管理—研究报告—北京—2021　Ⅳ. ①F259.271

中国国家版本馆 CIP 数据核字（2023）第 209420 号

策划编辑	王新月	责任编辑	白　昕　王新月	版权编辑	李　洋
责任印制	尚立业	责任校对	杨小静	责任发行	敬　东

出版发行	中国财富出版社有限公司			
社　　址	北京市丰台区南四环西路 188 号 5 区 20 楼	邮政编码	100070	
电　　话	010－52227588 转 2098（发行部）	010－52227588 转 321（总编室）		
	010－52227566（24 小时读者服务）	010－52227588 转 305（质检部）		
网　　址	http：//www.cfpress.com.cn	排　　版	宝蕾元	
经　　销	新华书店	印　　刷	宝蕾元仁浩（天津）印刷有限公司	
书　　号	ISBN 978－7－5047－7881－9/F·3601			
开　　本	787mm×1092mm　1/16	版　　次	2023 年 11 月第 1 版	
印　　张	10.75	印　　次	2023 年 11 月第 1 次印刷	
字　　数	261 千字	定　　价	168.00 元	

前　言

　　《北京现代物流研究基地年度报告（2021）》（以下简称《报告》）由北京物资学院北京现代物流研究基地组织研究团队撰写，《报告》从北京物流总体发展环境、现状、问题出发，将《报告》分为北京市冷链物流发展环境、北京市冷链物流发展现状分析、北京市冷链物流技术与装备发展现状、北京市冷链物流业态模式分析、北京市冷链物流需求量预测及发展趋势、冷链物流发展标杆城市情况、北京市冷链物流发展措施及建议七个专题（第一章至第七章），系统总结北京市冷链物流发展的新情况、新经验，科学展望北京市冷链物流发展的新前景、新趋势。

　　作为北京现代物流研究基地的年度报告，在内容方面，《报告》坚持对北京市冷链物流进行连续研究，突出反映冷链物流发展的新变化、新趋势和新特点；在理论方面，《报告》明确物流业作为服务业的定位，聚焦北京地区经济与产业政策对冷链物流业的影响，以及对冷链物流服务对象即农业、流通业、医疗业等行业的研究。《报告》力求其针对性、前瞻性可以为政府和企业的决策提供参考，为冷链物流研究者及从业者带来新的视野和启迪。

　　《报告》由北京物资学院物流学院姜旭团队撰写。其中，第一章、第三章由北京物资学院物流学院曹瑜清撰写；第二章、第四章由北京物资学院物流学院贾晓萌撰写；第五章、第七章由北京物资学院物流学院吴懿迪撰写；第六章由北京物资学院物流学院曹瑜清、吴懿迪、贾晓萌共同撰写，文章逻辑梳理、内容修订由北京物资学院物流学院雷佳雨、高红丽、李君、赵凯负责，全书由姜旭定稿。

　　《报告》一定还存在许多不足之处，敬请各位专家、学者提出宝贵意见。

北京现代物流研究基地

2022 年 6 月 10 日

目　录

第一章

北京市冷链物流发展环境

第一节　北京市物流发展经济、社会环境分析

一、北京市物流发展经济环境

2014 年，北京市明确了作为"全国政治中心、文化中心、国际交往中心、科技创新中心"的城市战略定位，提出建设国际一流的和谐宜居之都的发展目标。北京市牢牢抓住"四个中心"新定位，以疏解北京非首都功能为"牛鼻子"，全面推进京津冀协同发展。

近年来，北京市处于从"集聚资源求增长"向"疏解功能谋发展"转型的关键阶段，在疏解中发展、在调整中提升。北京市全市经济社会发展迈上了新台阶，综合经济实力、城市可持续发展能力等方面正在迈入新的阶段。在此背景之下，其地区生产总值不断增长，从 2011 年的 16251.9 亿元增长至 2021 年的 40269.6 亿元（见图 1 - 1）。2020 年受新冠肺炎疫情的影响，经济发展受阻，按可比价格计算，比上年增长 1.2%，但依然保持较高的经济发展水平。2021 年，在疫情防控常态化的背景下，北京市统筹推进疫情防控与社会经济发展，积极主动融入新发展格局，向着经济高质量发展方向持续迈进，实现了 40269.6 亿元的地区生产总值，按不变价格计算，比上年增长 8.5%。

2021 年北京市第一产业增加值为 111.3 亿元，比上年增长 2.7%；第二产业增加值为 7268.6 亿元，其增长速度较快，为 23.2%；第三产业增加值为 32889.6 亿元，比上年增长 5.7%。北京市三次产业构成比例由 2020 年的 0.4∶15.8∶83.8 变为 2021 年的 0.3∶18.0∶81.7，产业结构呈现明显的以第三产业为主导的格局，第二产业、第三产业增加值占比合计达到 99.7%（见图 1 - 2）。

2011—2021 年北京市交通运输、仓储和邮政业生产总值如图 1 - 3 所示，行业集中态势明显，内部结构不断优化。2020 年，受新冠肺炎疫情的影响，该行业生产总值下跌，并出现负增长的态势，但在疫情防控常态化的背景下行业发展逐渐回暖，2021 年比 2020 年增长了 5.9%。交通运输、仓储和邮政业作为国民经济中的基础性和先导性行业，

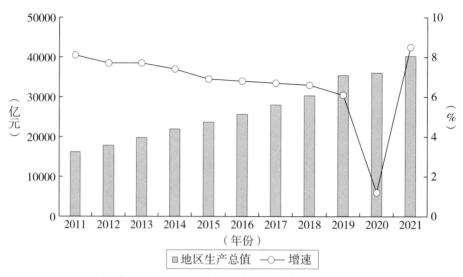

图1-1　2011—2021年北京市地区生产总值及其增速

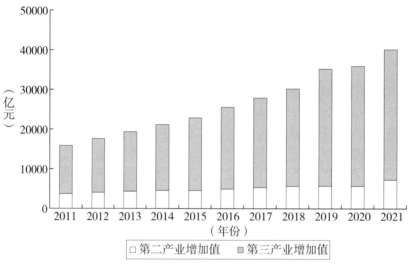

图1-2　2011—2021年北京市第二产业、第三产业增加值

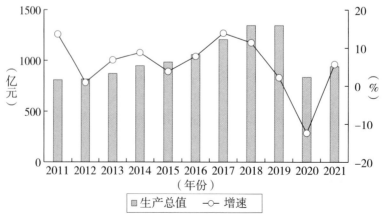

图1-3　2011—2021年北京市交通运输、仓储和邮政业生产总值

长期持续平稳健康发展，为支持全市经济高质量发展、保障和改善民生作出了积极贡献。

二、北京市物流发展社会环境

（一）城镇化水平

近年来，北京市有力、有序推进非首都功能疏解行动，人口变化稳中有降的态势持续（见图1－4）。2021年年末，北京全市常住人口为2188.6万人，比上年年末减少0.4万人，这既符合北京市构建"高精尖"高质量发展的产业结构的趋势，也符合北京市作为"全国政治中心、文化中心、国际交往中心、科技创新中心"的功能定位。在这样的定位下，以北京市动物园、大红门批发市场为代表的劳动密集型传统行业向外疏解，一定程度上影响了常住人口的变化。此外，北京市过高的房价、物价也是常住人口减少的一个经济原因。

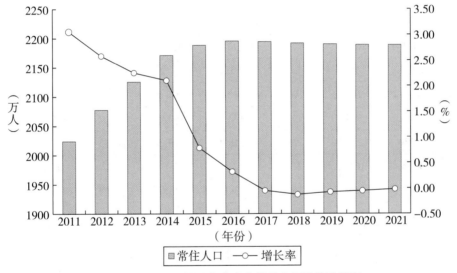

图1－4　2011—2021年北京市常住人口及其增长率

从城乡人口结构来看，在北京市常住人口的城乡分布中，城镇人口不断增加、乡村人口不断减少，城镇化率稳步提升。2021年北京市城镇人口1916.1万人，占常住人口的比重为87.5%；乡村人口272.5万人（见图1－5）。国外冷链物流发展经验表明，城镇化水平的提高会带来消费结构的升级，有利于冷链物流的加速发展。由于北京市特殊的政治经济地位，城镇化水平将在一段时间内继续提升，因而北京市冷链物流的市场发展潜力巨大。

（二）人口分布情况

2015年以后，北京市城六区加大了对不符合城市功能和发展定位的产业向外转移的力度，城六区常住人口持续减少。2014—2021年北京市城六区常住人口如表1－1所示。

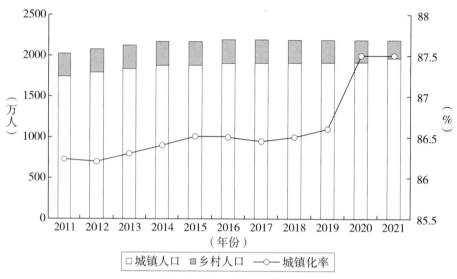

图 1-5　2011—2021 年北京市常住人口城乡分布及城镇化率

表 1-1　　　　　　　　　2014—2021 年北京市城六区常住人口　　　　　　　单位：万人

地区	2014 年	2015 年	2016 年	2017 年	2018 年	2019 年	2020 年	2021 年
东城区	91.1	90.5	87.8	85.1	82.2	79.4	70.9	70.8
西城区	130.2	129.8	125.9	122	117.9	113.7	110.6	110.4
朝阳区	392.2	395.5	385.6	373.9	360.5	347.3	345.1	344.9
丰台区	230	232.4	225.5	218.6	210.5	202.5	201.9	201.5
石景山区	65	65.2	63.4	61.2	59	57	56.8	56.6
海淀区	367.8	369.4	359.3	348	335.8	323.7	313.2	313.0
合计	1276.3	1282.8	1247.5	1208.8	1165.9	1123.6	1098.5	1097.2

　　由于受到了北京市人口总量调控和非首都功能疏解两个政策的影响，2021 年东城区、西城区、朝阳区、丰台区、石景山区、海淀区常住人口均有所减少，但北京市城六区依旧聚集了全市一半以上的常住人口，人口密度远高于其他市辖区。

　　城市中各区域的生活性物资需求量与该区域的人口规模和密度呈正相关关系，人口数越多、人口密度越高的区域，其生活性物资需求量越大。

（三）居民消费情况

　　近年来，北京市居民人均消费支出和社会消费品零售总额整体呈现不断上涨的趋势，2020 年受新冠肺炎疫情的影响整体有所下滑，但在北京市统筹推进疫情防控与社会经济发展的背景下，均有所增长。2021 年北京市居民人均消费支出与社会消费品零售总额均实现上涨，分别达到 43640 元和 14868 亿元，同比分别增长 12.2% 和 8.4%。（见图 1-6和图 1-7）在人均消费支出构成当中，食品烟酒支出位居第二，仅次于居住支出，如图1-8 所示，居民在食品方面的消费支出为冷链物流市场提供了最基本的需求和动力。

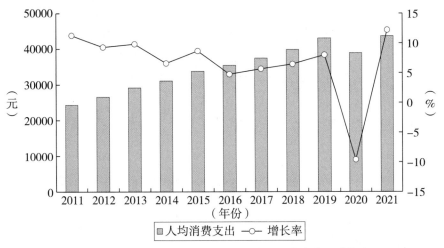

图 1-6 2011—2021 年北京市居民人均消费支出及增长率

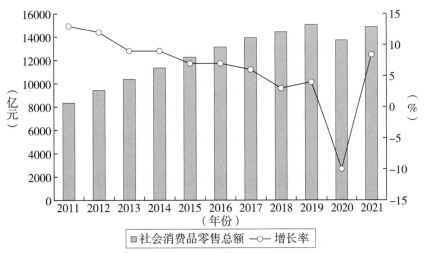

图 1-7 2011—2021 年北京市社会消费品零售总额及增长率

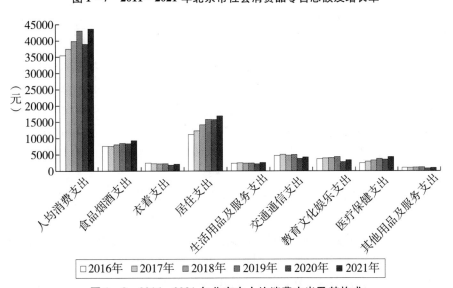

图 1-8 2016—2021 年北京市人均消费支出及其构成

由数据可知，在以国内大循环为主体、国内国际双循环相互促进的新发展格局下，北京地区经济发展迅速恢复，人民的生活消费水平总体呈现稳步提升的态势，社会消费品的发展回归正轨。在此背景下，城市生活物资运输需求比例呈现增长态势，为了较好地适应生活性物资对时效性、多样性的需求特征，客观上要求北京地区转变运输与配送的模式，探索适用于现阶段经济发展与社会需求的物流新模式，以期有效保障北京市人民的生活需求和城市的正常运转。居民消费水平的提高，为北京市现代物流业的发展带来了巨大的动力。

第二节　北京市物流发展政策及标准环境分析

一、北京市物流发展政策

（一）中央政策及主要内容

物流业是支撑国民经济发展的基础性、战略性、先导性产业，物流业的发展可以从整体上改善国民经济的运行效率，直接提高全社会的经济效益，促进国民经济各产业的发展。因此，物流业受到政府相关部门的重视，国务院、各部委以及地方政府等陆续出台物流业相关政策，从建立现代物流体系、制定现代物流标准、规范市场竞争以及推进物流企业信息化建设等方面入手，大力推进现代物流业的发展，促进物流业的高质量发展。

国务院 2009 年发布的《物流业调整和振兴规划》以及 2014 年发布的《物流业发展中长期规划（2014—2020 年）》都明确展示了物流业的产业地位。2013 年发布的《交通运输部关于交通运输推进物流业健康发展的指导意见》统一了行业思想认识，实现了对交通运输物流供给结构的系统设计。2016 年发布的《交通运输部关于推进供给侧结构性改革　促进物流业"降本增效"的若干意见》着力于推进物流业集约化、智能化、标准化发展，促进物流业降本增效，为我国经济转型升级和高效运行注入了新的活力。

2017 年 8 月，国务院办公厅印发的《国务院办公厅关于进一步推进物流降本增效促进实体经济发展的意见》中强调物流对于第一、第二、第三产业发展的重要性，从信息化、设施建设等方面降低物流成本，鼓励智能物流及第三方物流的发展。同年 10 月，中共十九大报告作出了加强物流等基础设施网络建设的决策部署，将国家物流枢纽建设提升到关系国民经济运行的高度。2018 年，国家发展改革委、交通运输部出台了以"国家物流枢纽"为主题的首个重大专项规划——《国家物流枢纽布局和建设规划》（以下简称《规划》）。《规划》是加强物流等基础设施网络建设的决策部署，实现物流资源优化配置和物流活动系统化组织所采取的重大举措，提出了到 2020 年，通过优化整合、功能提升，布局建设 30 个左右辐射带动能力较强、现代化运作水平较高、互联衔接紧密的国家物流枢纽，到 2025 年，布局建设 150 个左右国家物流枢纽，社会物流运行效率将大幅提高，推动全社会物流总费用与 GDP 的比率下降至 12% 左右的发展目标。

2019 年，国家发展改革委等部门联合发布《关于推动物流高质量发展促进形成强大国内市场的意见》，首次提出要把推动物流高质量发展作为当前和今后一段时期改善产业发展和投资环境的重要抓手，培育经济发展新动能的关键一招，以物流高质量发展为突破口，加快推动提升区域经济和国民经济综合竞争力。该政策的提出将物流业的发展提到了新的高度，并对物流业的发展提出了新的要求。2019 年 9 月，中共中央、国务院印发了《交通强国建设纲要》，提出要打造绿色高效的现代物流系统，推进电商物流、冷链物流、大件运输、危险品物流等专业化物流发展，促进城际干线运输和城市末端配送有机衔接，鼓励发展集约化配送模式。同时，综合利用多种资源，完善农村配送网络，促进城乡双向流通。落实减税降费政策，优化物流组织模式，提高物流效率，从而降低物流成本。

2020 年，国家发展改革委等部门联合发布《推动物流业制造业深度融合创新发展实施方案》，深化供给侧结构性改革，从探索融合发展模式、培育融合发展标杆企业、建立制造业物流成本核算统计体系等方面，明确了到 2025 年的发展目标，即到 2025 年，物流业在促进实体经济降本增效、供应链协同、制造业高质量发展等方面作用显著增强等内容。2020 年 6 月，《国务院办公厅转发国家发展改革委　交通运输部关于进一步降低物流成本实施意见的通知》发布，从深化关键环节改革降低物流制度成本、加强土地和资金保障降低物流要素成本、深入落实减税降费措施降低物流税费成本、加强信息开放共享降低物流信息成本、推动物流设施高效衔接降低物流联运成本、推动物流业提质增效降低物流综合成本六大方面进一步降低物流成本，提升物流效率，加快恢复生活秩序。

2021 年是"十四五"规划的开局之年，1 月发布的《交通运输部关于服务构建新发展格局的指导意见》，提出了现代交通物流体系加速完善的发展目标，旨在充分发挥交通运输在构建新发展格局中的支撑保障和先行作用，推进国内综合立体交通网的形成。3 月发布的《中华人民共和国国民经济和社会发展第十四个五年规划和 2035 年远景目标纲要》中则明确指出要建设现代物流体系，为行业高质量发展指明了发展方向。

（二）北京市政策及主要内容

北京市紧跟中央的步伐，在物流方面出台各种相关政策，推动北京市物流行业健康发展。北京市地理、经济、政治环境独特，物流政策对其影响范围更广，与周边地区的区域物流合作也更密切。

2010 年，北京市人民政府印发《北京市物流业调整和振兴实施方案》，提出完善五大物流基地基础设施条件，并且根据每一个物流基地的不同特点和职能进行细分和规划，加快了北京市物流基础设施建设的步伐。2015 年，为积极响应国内京津冀一体化战略规划，北京市通过了《中共北京市委北京市人民政府关于贯彻〈京津冀协同发展规划纲要〉的意见》，指出北京要聚焦推进包括交通一体化发展在内的三大重点领域，未来京津冀将构建以轨道交通为骨干的多节点、网格状、全覆盖的交通网络。

2020 年，北京市规划和自然资源委员会正式发布《北京物流专项规划》，其开篇就提出北京物流的功能定位是与首都"四个中心"相匹配，以保障首都城市运行为基础、以提高居民生活品质为核心、以城市配送为主要形式的城市基本服务保障功能。围绕这一功能定位，北京将着力打造"大型综合物流园区（物流基地）＋物流中心＋配送中心＋

末端网点"的"3＋1"城市物流节点网络体系。在冷链方面明确提出到2035年，流通率争取超过80%，达到一般发达国家水平的目标。政策措施的发布对于引导推动北京市物流业持续健康发展起到了积极作用，也为北京市冷链物流的发展提供了良好的政策环境。

二、北京市冷链物流发展政策

（一）中央政策及主要内容

冷链物流业的发展离不开国家政策的支持，近年国家相继颁布了许多支持冷链物流业发展的政策法规。现阶段，我国冷链物流业已经初步建立了政策法规体系，冷链物流业快速发展的政策条件基本成熟。

2010年，国家发展改革委印发《农产品冷链物流发展规划》，该规划提出到2015年，建成一批运转高效、规模化、现代化的跨区域冷链物流配送中心，我国果蔬、肉类、水产品冷链流通率分别达20%、30%、36%以上，冷藏运输率分别提高到30%、50%、65%左右，流通环节产品腐损率分别降至15%、8%、10%以下。

为达到规划中提出的目标，2011年在《国务院办公厅关于促进物流业健康发展政策措施的意见》中提出要加快建立主要品种和重点地区的冷链物流体系，在《国务院办公厅关于加强鲜活农产品流通体系建设的意见》中鼓励有条件的大中城市使用符合国家强制性标准的鲜活农产品专用运输车型；2012年在《商务部关于促进仓储业转型升级的指导意见》中指出要加大冷库改造和建设力度。

2013年发布了《关于2013年深化经济体制改革重点工作的意见》，再加上各地不断出台的农产品冷链扶持政策，极大地缓解了冷链物流企业的成本压力。

国家政策持续发力，2014年的中央一号文件中明确提出要完善鲜活农产品冷链物流体系。此外，《物流业发展中长期规划（2014—2020年）》中提出要推进物流技术装备现代化，加快食品冷链等专业物流装备的研发；物流园区建设工程要发展冷链等专业类物流园区；加强鲜活农产品冷链物流设施建设，完善冷链物流网络。《关于进一步促进冷链运输物流企业健康发展的指导意见》中从9个方面来指导冷链运输物流企业的健康发展。

到2015年，我国冷库保有量接近4000万吨，超额完成2010年的规划目标。与此同时，2015年的中央一号文件中涉及多项冷链物流政策，对鲜活农产品实施从生产到消费的全环节低税收政策，将免征蔬菜流通环节增值税政策扩大到部分鲜活肉蛋产品。

2016年，中央因势利导出台多项冷链产业政策，《中共中央关于制定国民经济和社会发展第十三个五年规划的建议》中提出大力发展冷链物流等新兴贸易方式，为冷链行业的发展提出规划意见，另外，还有《财政部 商务部关于中央财政支持冷链物流发展的工作通知》等，明确提出了"十三五"时期冷链产业发展方向。

2017年，冷链行业保持快速发展。2017年的中央一号文件《中共中央 国务院关于深入推进农业供给侧结构性改革加快培育农业农村发展新动能的若干意见》中，加强农产品冷链物流建设再次成为促进我国农业发展的重点。其中，第十四条明确指出，要加强冷链物流基础设施网络建设。除此之外，2017年的中央一号文件中还提出要加快发展现代食品产业，并将冷冻食品作为大力发展的对象。2017年4月，国务院办公厅发布了

《国务院办公厅关于加快发展冷链物流保障食品安全促进消费升级的意见》，提出要培育一批具有核心竞争力、综合服务能力强的冷链物流企业，大幅提升冷链物流信息化、标准化水平。

2018 年是决胜全面建成小康社会、实施"十三五"规划承上启下的关键之年，也是冷链行业政策环境、营商环境利好不断的一年，全年出台冷链物流相关政策、规划数十项。政策主要呈现关注冷链短板，鼓励加强冷链基础设施的建设；重视顶层设计，不断完善冷链物流相关政策，健全冷链物流标准规范；聚焦技术驱动，推动信息化、现代化水平提升，打造全链条冷链物流体系；着眼农产品就地加工转化增值，支持发展分等分级、加工包装、保鲜贮藏等采后处理，建立健全农业供应链。

2019 年，政府对冷链物流业高度重视，出台的冷链相关政策主要有农产品、生猪运输、冷链设施等部分。农业农产品类冷链相关政策文件主要围绕加强农产品冷链设施建设、配备商品化处理设施、加强农产品物流骨干网络和冷链物流体系建设、发展第三方冷链物流全程监控平台、发展冷链物流新模式、补齐"最先一公里"冷链物流短板等方面进行展开和阐述，为农产品冷链物流的快速发展提供了重要指导意义。冷链设施类相关政策文件重点提到冷藏车和冷库，在冷藏车方面，鼓励发展多温层冷藏车，支持冷藏车绿色高效发展，探索网络货运经营，同时鼓励屠宰企业配备冷藏车，提高长距离运输能力，此外还大力推动新能源汽车的消费和使用，但为了促进产业优胜劣汰，降低了新能源货车的补贴标准；在冷库方面，支持新建和改善冷库，同时重视节能环保，推广使用绿色制冷剂，提高制冷能效和绿色水平。大力发展冷链物流类的政策文件涉及方方面面，包括金融支持、数字转型、专业化发展等，提出了很多具体的要求和举措，如满足农产品冷链仓储物流的合理融资需求、加快推动农村地区冷链物流的数字化、推进智慧交通和智慧物流、发展集约化配送模式、加强冷链基础设施网络建设、延伸港口物流产业链等。

2020 年，我国全面进入小康社会，人民对生活质量的要求也逐渐提高，随着经济的发展，冷链物流也有了长足发展。政府对冷链物流高度重视，国家层面出台的各类冷链物流相关政策，从多个维度指导冷链物流行业健康发展。2020 年至今，中共中央发布的冷链物流政策，在对 2019 年文件中的要求严格执行和全面完善的基础上，主要补充了冷链物流基地建设的有关内容。同时，受新冠肺炎疫情的影响，国家还加强了对冷链物流运输中食品安全问题的管理和监督，《市场监管总局关于加强冷藏冷冻食品质量安全管理的公告》《关于进一步做好冷链食品追溯管理工作的通知》等政策的发布，开始全面对冷链物流市场进行规范，冷链物流行业进入了提档提质的发展阶段。

2021 年是"十四五"规划的开局之年，中共中央、国务院高度重视构建现代物流体系，冷链物流持续火热。据不完全统计，国家层面全年发布相关政策及规划超过 68 项，其中由国务院出台的超过 9 项，主要聚焦冷链物流基础设施建设、冷链物流体系建设、促进农产品流通等方面。《城乡冷链和国家物流枢纽建设中央预算内投资专项管理办法》中明确将冷链物流设施项目纳入中央预算内投资专项。《关于加快农村寄递物流体系建设的意见》中提出要鼓励邮政快递企业、供销合作社和其他社会资本在农产品田头市场合作建设预冷保鲜、低温分拣、冷藏仓储等设施，支持邮政快递企业逐步建立覆盖生产流通各环节的冷链寄递物流体系。2021 年年底，为推动冷链物流的高质量发展，国务院发布了《"十四五"冷链物流发展规划》，这是继 2010 年之后国家再一次发布冷链物流发展规划，对冷链物流发展的持续推动，也预示着在新发展格局下国家将以更大力度推动冷链物流发展。该规划提出打造"三级节点、两大系统、一体化网络"融合联动的"321"冷链物流运行体系，并按照"体系→布局→网络（产地网络→干线运输→销地网络）"的逻辑顺序规划冷链物流网络，不断深化冷链物流体系和布局规划，补齐短板，助力冷链物流的高质量发展。国家从各个方向、各个行业发布并提及相关政策内容推进冷链物流的高质量发展，具体如附录表 A-1 所示。

（二）北京政策及主要内容

为贯彻落实国家在冷链物流方面的政策，北京市政府做出了积极响应。北京市冷链物流相关的政策逐步扩大范围、拓宽领域，为更好地保障民生逐步发展完善。

2011 年，冷链物流政策重点在疫苗运输，而后食品餐饮业也逐步成为冷链物流的重点关注行业。2012 年，北京市人民政府办公厅印发《关于落实促进物流业健康发展政策措施的实施意见》，要求加快冷链物流设施建设，逐步建立食品冷链物流全程追溯系统和肉类产品全程追溯信息系统。2014 年，北京市商务委员会发布的《北京市商务委员会 北京市财政局关于 2015 年商业流通发展项目申报工作的通知》中，规定了 2015 年商业专项资金的重点支持范围，在中小企业发展专项资金支持范围中，包含餐饮业发展项目，促进餐饮企业采取互联网、冷链配送等先进技术，提高社区居民和上班族餐饮消费便利度。2015 年，北京市在食品餐饮、疾病防控以及电子商务方面都发布了相关政策。

2016 年，《北京市"十三五"时期物流业发展规划》对北京市冷链行业提出了更高的要求，要重点建设城市冷链物流配送设施和环京津 1 小时鲜活农产品物流圈建设工程。伴随着"疏解非首都功能""京津冀一体化""减量发展"等重要政策方向，为了更好地推动北京市冷链物流发展，北京市出台了多项冷链物流相关政策。

北京市政策基调一直与中央政府及各部委保持一致。《北京市质量技术监督局关于印发 2017 版北京市重点发展的技术标准领域和重点标准方向的通知》拓展了冷链技术相关的政策。《北京市人民政府办公厅关于印发〈北京市深入推进"互联网+流通"行动实施方案〉的通知》中提出要加强智慧流通基础设施建设，加强冷链物流基础设施建设，鼓励企业应用互联网、物联网等技术完善智慧物流体系，提升冷链运输和安全监控能力，发展上下游高效衔接的全程冷链物流服务模式。《关于推进北京市物流业降本增效的实施意见》中提出完善体系建设，引导物流业规范化发展。《关于落实农业农村优先发展扎实推进乡村振兴战略实施的工作方案》中提出要提高农产品冷链流通率。由于 2020 年新冠肺炎疫情的发生，北京市进一步出台《进口冷链食品防疫指引》，强调加强冷链食品存储运输环节的预防性消毒。2020 年年末《北京物流专项规划》出台，提出到 2035 年，北京冷链流通率争取超过 80%，达到一般发达国家水平。

2021 年，《北京市"十四五"时期商业服务业发展规划》中鼓励京津冀三地企业共建、共享农产品生产基地和冷链物流设施，加快建设以北京市为核心的农产品流通运输通道。《北京市"十四五"时期乡村振兴战略实施规划》中提出要加强农产品仓储保鲜和冷链物流设施建设，到 2025 年，全市实现生鲜农产品冷链流通率提升到 50%，着力提升北京市农产品仓储保鲜体系的基础建设。除以上政策外，北京市也全力推进冷链物流在各个方向及各个行业上健康持续发展，具体如附录表 A－2 所示。

三、北京市冷链物流发展标准

（一）国家标准及主要内容

冷链物流发展标准的不断制定和完善极大地促进了我国冷链物流的规范化发展，成为奠定冷链物流规模发展的基本要素。当前，我国已经制定了多项能够达到国际要求的冷链物流标准，包括对冷链物流的信息管理、运输、仓储等环节的具体要求以及对设备的规范等标准，冷链物流标准处在不断完善过程中。

2014 年年底，冷标委对现有冷链标准情况进行梳理，整合形成一批对提高冷链流通率、保障流通品质有重大促进作用的标准。科学划分推荐性和强制性标准，针对冷冻、冷藏食品等重点品种，在零售交接规范、冷藏库能耗等级要求等关键领域推动出台强制性国家标准。此外，国家发展改革委等部门联合出台了《关于我国物流业信用体系建设的指导意见》，要求完善物流信用法律法规和标准，并将冷链物流作为试点之一，这对于加快冷链标准化进程有很强的推动作用。

2015 年，国家标准化管理委员会联合国家发展改革委、工业和信息化部等多个单位编制了《物流标准化中长期发展规划（2015—2020 年)》，提出物流标准化是保障物流运作安全便利、高效畅通的重要手段，对于提高物流服务水平、降低物流成本、促进我国物流业健康发展、增强国际竞争力具有重要作用。

近年来物流标准制定工作有序开展，物流标准化进程不断加快。2016 年，商务部办公厅和国家标准化管理委员会办公室出台了《商务部办公厅 国家标准化管理委员会办公室关于开展农产品冷链流通标准化示范工作的通知》，进一步建立健全冷链流通标准体系。商务部、国标委联合开展农产品冷链流通标准化示范工作，重点围绕肉类、水产、果蔬等生鲜农产品，培育一批农产品冷链流通标准化示范企业和示范城市。2017 年，国务院办公厅发布的《关于加快发展冷链物流保障食品安全促进消费升级的意见》中明确提出要健全冷链物流标准和服务规范体系，加快完善冷链物流标准和服务规范体系，制修订一批冷链物流强制性标准。

近年来，在政策的推动下，冷链物流行业的相关标准相继出台，标准体系不断完善。2018 年颁布了适用于冷链物流各环节信息的记录与应用的标准《冷链物流信息管理要求》（GB/T 36088—2018)，对冷链物流信息管理原则、信息内容和信息管理要求提出了规范。

2020 年，新冠肺炎疫情暴发，为规范冷链物流行业发展、保障食品安全、助力疫情防控，国家卫生健康委员会和市场监督管理总局联合发布了《食品安全国家标准 食品冷链物流卫生规范》（GB 31605—2020)，该标准构建了冷链物流卫生规范的基本框架，对冷链物流所涉及的全流程和管理规范等方面提出了清晰和明确的要求。2020 年年底，国家市场监督管理总局和国家标准化管理委员会发布了冷链物流行业第一个关于电子商务的标准

《电子商务冷链物流配送服务管理规范》（GB/T 39664—2020），并于 2021 年 7 月开始实施，规定了电子商务冷链物流配送的基本要求、管理要求、作业流程及要求、评审与改进。同时，该标准也规定了末端的"最后一公里"配送要求及配送服务的保障要求，以保障冷链物流业持续健康发展。另外，在冷链物流基础、冷链物流设施设备以及冷链技术与管理等方面不断出台标准，冷链物流标准体系正在持续优化完善，具体详见附录 B。

（二）北京标准及主要内容

北京市的物流标准制修订工作也在顺利推进，近年来制定了 14 个冷链相关标准，涉及果蔬、粮食、肉类、水产等多个品种，包括储藏、运输、配送等多个环节。2016 年 1 月 1 日北京市食品药品监督管理局发布了《冷链即食食品生产审查实施细则（2015 版）》，该细则适用于企业申请使用粮食、畜禽肉、水产品、果蔬等主要原料，采用冷链工艺，预先定量包装或者预先定量制作在密封的包装材料或容器中，提供给消费者可直接食用的冷链即食食品（包括主食菜肴类、饭团寿司三明治汉堡类等）。北京市市场监督管理局于 2019 年 3 月 27 日发布《食品冷链宅配服务规范》（DB11/T 1622—2019）。该标准规定了食品冷链宅配的总体要求、设施设备技术要求、人员要求、操作流程、包装与标识、温度监测、节能与环保、服务质量评价与改进等内容，适用于企业提供的食品冷链宅配服务。

除此之外，为促进京津冀冷链物流发展、保障食品安全，天津市商务委、天津市市场监管委联合北京市、河北省相关部门共同组织制定的《京津冀冷链物流区域协同标准汇编（2018）》，于 2018 年 6 月 1 日起正式实施。标准包括冷链物流冷库技术规范、冷链物流运输车辆设备要求、冷链物流温湿度控制要求与测量方法、畜禽肉冷链物流操作规程、果蔬冷链物流操作规程、水产品冷链物流操作规程、低温食品储运温控技术要求、低温食品冷链物流追溯管理规范等内容。该标准的实施能够促进冷链物流规范化、标准化发展，标志着京津冀物流一体化取得新成就。这是一个冷链物流储、运、销一体化系列标准，具有超前性和可操作性，对促进冷链物流规范化、标准化发展起到重要作用。北京市冷链物流相关标准如表 1－2 所示。

表 1－2　　　　　　　　　　　北京市冷链物流相关标准

序号	标准号	标准名称	行业主管部门
1	DB11/T 1621—2019	《企业物流装备标准化评价规范》	北京市商务局
2	DB11/T 1622—2019	《食品冷链宅配服务规范》	北京市商务局
3	DB11/T 3010—2018	《冷链物流 冷库技术规范》	北京市商务委员会
4	DB11/T 3011—2018	《冷链物流 运输车辆设备要求》	北京市商务委员会
5	DB11/T 3012—2018	《冷链物流 温湿度要求与测量方法》	北京市商务委员会
6	DB11/T 3013—2018	《畜禽肉冷链物流操作规范》	北京市商务委员会
7	DB11/T 3014—2018	《果蔬冷链物流操作规范》	北京市商务委员会
8	DB11/T 3015—2018	《水产品冷链物流操作规范》	北京市商务委员会
9	DB11/T 3016—2018	《低温食品储运温控技术要求》	北京市商务委员会
10	DB11/T 3017—2018	《低温食品冷链物流履历追溯管理规范》	北京市商务委员会

第三节　北京市物流业运行情况分析

一、物流业运行总体情况分析

（一）社会物流总额及物流业务收入

2016 年以来，北京市社会物流总额呈逐年上升趋势。经预测，2021 年全市社会物流总额将达 86557.2 亿元（见图 1-9、表 1-3）。

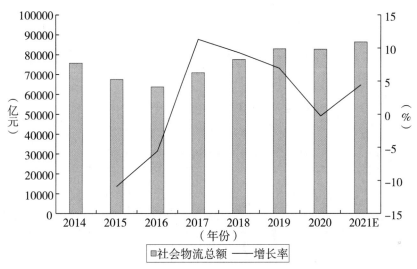

图 1-9　2014—2021 年北京市社会物流总额及增长率

表 1-3　　　　　　　　　　2014—2021 年北京市社会物流总额构成　　　　　　　　　　单位：亿元

年份	2014	2015	2016	2017	2018	2019	2020	2021E
社会物流总额	75923.6	67648.7	63877.6	71105.0	77720.2	83119.0	82907.7	86557.2
农产品	358.2	312.8	286.5	260.7	250.6	237.1	212.2	195.8
工业品	11911.6	17829.2	14602.6	14154.2	13799.3	13892.7	14218.3	14205.9
进口货品	21695.5	16442.6	15207.1	17961.4	22303.9	23495.7	22332.9	23297.3
再生资源	201.7	131.5	219.0	180.1	155.1	78.4	98.2	86.5
外省市流入物品	35508.4	32691.8	333000.3	38280.6	40904.2	449848.0	45616.2	48291.0
单位居民物品	248.2	240.8	262.0	268.1	307.2	467.1	429.9	480.8

资料来源：2014—2020 年《北京统计年鉴》。

注：数据存在四舍五入，未进行机械调整。全书同。

2015 年以来，北京市物流业务收入逐年上升。经预测，2021 年物流业务收入将达 3661.4 亿元，其中运输业务收入将达 2819.8 亿元，保管业务收入将达 735 亿元，一体化物流业务收入将达 106.6 亿元（见图 1-10、表 1-4）。物流业发展稳中有进，规模稳步增长，对全市经济社会发展起到了重要的支撑作用。

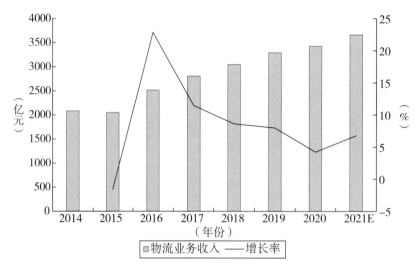

图 1-10　2014—2021 年北京市物流业务收入及增长率

资料来源：2014—2020 年《北京统计年鉴》。

表 1-4　　　　　　　2014—2021 年北京市物流业务收入构成　　　　　　　单位：亿元

年份	2014	2015	2016	2017	2018	2019	2020	2021E
物流业务收入	2082.5	2049.0	2517.3	2805.2	3046.7	3289.8	3429.1	3661.4
运输业务收入	1757.9	1712.9	1801.4	2057.6	2268.2	2480.3	2610.7	2819.8
保管业务收入	659.2	633.2	649.4	669.5	692.1	717.9	719.9	735.0
一体化物流业务收入	65.3	63.0	66.5	78	86.5	91.6	98.4	106.6

资料来源：2014—2020 年《北京统计年鉴》。

（二）社会物流总费用

2021 年在我国物流业的快速发展之下，社会物流总费用与 GDP 的比率为 14.6%，比上年下降 0.1 个百分点（见图 1-11）。从结构看，运输费用 9.0 万亿元，增长 15.8%；保管费用 5.6 万亿元，增长 8.8%；管理费用 2.2 万亿元，增长 9.2%。由此可以看出，我国的运输效率正在不断改善，运输系统进一步得到优化，保障了国内产业链、国际贸易循环的畅通。铁路、水路等运输方式费用占比有所提高，多式联运业务发展进一步加快，加速运输方式间的协同化升级，运输结构更趋完善，符合现代化的物流业发展需求。

（三）物流业从业人员平均人数

"十三五"规划以来，北京市物流业从业人员人数持续下降，2021 年物流业从业人员平均人数将达到 44.5 万人，其中交通运输、仓储和邮政业从业人员平均人数为 31 万人，采掘业、制造业、批发和零售业从业人员平均人数为 11.9 万人（见表 1-5）。

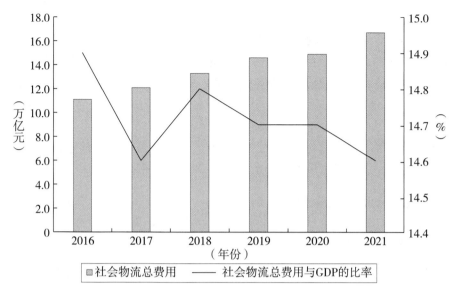

图 1 – 11　2016—2021 年我国社会物流总费用及其与 GDP 的比率

资料来源：国家发展改革委、国家统计局、中国物流与采购联合会。

表 1 – 5　　　　　　2014—2021 年北京市物流业从业人员平均人数　　　　　单位：万人

年份	2014	2015	2016	2017	2018	2019	2020	2021E
物流业从业人员	50.8	50.3	47.7	48.1	46.8	46.5	45.3	44.5
交通运输、仓储和邮政业从业人员	35.2	35.7	33.0	33.7	32.8	32.3	31.6	31.0
采掘业、制造业、批发和零售业从业人员	15.6	14.6	14.6	14.4	13.9	12.2	12.3	11.9

资料来源：2014—2020 年《北京统计年鉴》。

二、物流业发展水平分析

北京市物流资源丰富，基础设施规模较大。北京市作为消费型物流城市，为满足零售物流需求而设置的储运和配送节点、配送通道以及枢纽型集散地等基础设施建设完备。同时，2020 年北京市内共有 573 个零售商业设施、95 个批发市场、290 家连锁企业、15603 个连锁门店。以上商业设施包含着大量可利用仓库、货场和运输装卸设备等物流资源，为北京市冷链物流的发展奠定了良好基础。

物流运输效率得到改善。国务院办公厅印发的《推进运输结构调整三年行动计划（2018—2020 年）》中提出到 2020 年将京津冀及周边地区打造成为全国运输结构调整示范区。按照中央要求，北京市确定平谷马坊、京南昌达和铁路大红门站、三家店站、顺义站作为"公转铁"试点枢纽，围绕商品车、煤炭、钢材、生活必需品、建筑材料五类大宗货物，推动实施"公转铁"，提高各种运输方式之间的衔接效率。北京市作为典型的农产品输入型城市，农产品自给率不足 10%，大量农产品需要由外埠输入，运输效率的提升可以缩短运输时间，在保障产品安全的同时也将降低冷链物流运输成本，

提升冷链物流效率。

城市保障能力显著提高。北京市城配网络建设不断完善，一级市场配送网络建设发展显著，逐渐建立专业化物流配送体系，更好地在食品、药品等领域服务居民。北京市快递服务营业网点达到2260处，农村地区快递服务实现了全覆盖，建成农村快递公共取送点60个、快递末端公共服务站点33个，高校、社区、商厦布设智能快递柜10000组，56所高校实现校园快递服务运营模式规范化，快递服务网络不断健全、服务方式逐渐优化，快递集约化发展、标准化运营水平逐渐提升。专业化城配网络的建设将进一步提升冷链物流运输能力，助力北京市形成安全高效的冷链物流网络。

三、物流业营商环境分析

（一）营商环境改革政策升级

2021年年初，北京市制定并成功实施了优化营商环境4.0版，完成了277项改革，紧跟着推出了包含12个方面、362项举措的"创新＋活力"5.0版改革，并计划于2022年年底全部完成。同时，北京市发布的《北京市"十四五"时期优化营商环境规划》，提出"1＋4＋5"的目标体系——全面建成与首都功能发展需要相一致的国际一流营商环境高地，打造"北京效率""北京服务""北京标准""北京诚信"4大品牌。2021年11月发布的《国务院关于开展营商环境创新试点工作的意见》中，北京市成功入选我国首批营商环境创新试点城市，推动了北京市营商环境的持续优化。北京市营商环境的提升，为物流行业的发展提供了公平开放、竞争有序的市场格局。随着供给侧结构性改革深入推进，减税降费政策不断加码，2021年前三季度北京市新增减税降费634亿元，推动了全市经济高质量发展。

（二）深度融入"一带一路"建设

北京市始终积极主动融入"一带一路"建设，充分发挥首都资源优势和排头兵作用。2021年，我国与"一带一路"沿线国家货物贸易额达到11.6万亿元，创8年来新高，同比增长23.6%，占我国外贸总额的比重达到29.7%。跨境电商等外贸新业态快速发展，一批海外仓建成并投入运营。北京市与共建"一带一路"国家双边贸易保持较快增长，2021年1—10月，进出口额达到1.01万亿元，占同期货物贸易的比重相比2015年提升了4.5个百分点。2021年年底，北京市发展改革委发布《北京市推进"一带一路"高质量发展行动计划（2021—2025年）》，北京市将立足首都功能，提升"一带一路"国际交往功能。一方面打造"丝路会客厅"，织密"一带一路"朋友圈，另一方面构建"空中丝绸之路"核心枢纽，发挥京津冀机场群，特别是首都国际机场、大兴国际机场双机场优势，加快构建国际一流的航空枢纽。同时，鼓励数字零售、数字教育等在共建国家扩大场景中的应用，促进智慧物流、移动支付等服务业持续发展。开展"丝路电商"行动，多渠道支持企业共建共享海外仓。北京市将以建设服务业、扩大开放综合示范区和自贸区为重点，对接国际经贸规则，打造公开、透明、可预期的国际一流营商环境，实现更高水平的对外开放。

第二章

北京市冷链物流发展现状分析

第一节　冷链物流行业发展现状

一、冷链物流总额

　　自 2014 年起北京市的农产品社会物流总额不断下降（见图 2－1），由北京市商务委联合天津市商务委、河北省商务厅制定出台的《环首都 1 小时鲜活农产品流通圈规划》协同促进供给侧结构性改革，有效降低流通成本，提升流通效率，降低农产品的社会物流总额，保障了北京市城乡居民对鲜活农产品的需求。

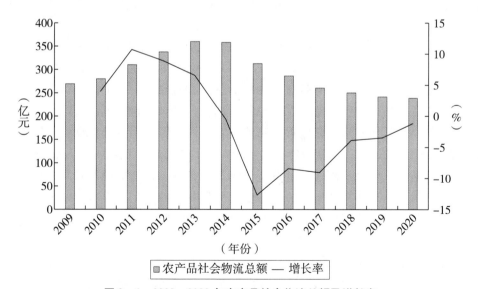

图 2－1　2009—2020 年农产品社会物流总额及增长率

资料来源：2009—2020 年《北京统计年鉴》。

二、国家骨干冷链物流基地——北京市平谷区马坊物流基地

2020 年，为贯彻落实中共中央、国务院关于城乡冷链物流设施补短板和建设国家骨干冷链物流基地的决策部署，国家发展改革委印发《关于做好 2020 年国家骨干冷链物流基地建设工作的通知》，公布了 2020 年 17 个国家骨干冷链物流基地建设名单，北京市平谷国家骨干冷链物流基地（北京市平谷区马坊物流基地）上榜。2021 年，为贯彻落实中共中央、国务院有关决策部署，加快构建布局合理、规模适度、功能齐全、绿色高效的全国物流园区网络体系，以点带面推动提升物流园区整体发展水平，推动物流提质增效降本，国家发展改革委、自然资源部联合印发《关于做好第三批示范物流园区工作的通知》，确定第三批示范物流园区名单共 24 家，北京市平谷区马坊物流基地（以下简称"平谷马坊物流基地"）再次上榜。

平谷马坊物流基地位于北京市平谷区马坊镇，是国家级示范物流园区、国家骨干冷链物流基地，地处京津冀交会处，是首都经济圈、环渤海经济圈的重要节点，具备实施多式联运的优良条件。京平高速连通首都机场，直达天津港。省道密三路纵贯南北，北接密云，南接河北省三河市。平谷铁路作为北京市唯一的地方铁路，向南连通京哈线，向北连接大秦线，融入全国铁路网。

2020 年 6 月，北京新发地市场聚集性疫情发生。作为疫情防控期间市内唯一蔬果进京中转站和生产生活物资周转基地，平谷马坊物流基地开发了可通过微信公众号预约取送货的站点，拥有 2 万平方米场地、5000 平方米库房，每天接待 50 辆卡车，最高中转能力达 1000 吨。平谷马坊物流基地保障每天 120 吨、300 种蔬菜，动态储备 200 吨蔬菜和 200 吨肉、虾、鱼等冷链产品供应北京，保证全程冷链运输。常温库储存 1200 吨米面粮油保证随时供应市场。实现保障北京市食品和农副产品供应，全面助力首都应急保供。

平谷马坊物流基地占地面积超过 500 亩，冷链物流相关设施占比达 60% 以上，已建成 1.8 万吨冷库、1.5 万平方米农副产品仓储配送仓库，进驻的生鲜农产品、肉类、医药等冷链物流企业发展稳定。全力打造集动态储备、流通加工、安全检测和食材共配于一体的全产业链条，最大限度提高冷链物流的规模化、集约化和数智化水平。

平谷马坊物流基地已建立起完善的物流中转台账，形成完备的货物流转链条。每批次货物流转信息，均录入"北京市冷链食品追溯平台"（以下简称"北京冷链"），对收货人信息、运送、中转地及配送地址进行详细记录，节省货物抽调时间及人力，大大节约成本，确保溯源精准度。基地内的冷链企业，严格落实"北京冷链"电子追溯码，并出具同批次物品核酸检测阴性报告、同批次物品消毒证明及检验检疫证明，确保冷链系统安全。

"三区一口岸"是北京市委、市政府赋予平谷区的功能定位，已经纳入全市的发展战略。作为京津冀地区唯一国家骨干冷链物流基地，平谷马坊物流基地承载了口岸功能的实现，肩负服务首都新发展格局、推动"两区"建设、促进京津冀协同发展的重任。目前，平谷马坊物流基地正在全力建设农副产品食材供应链基地，着力打造农副产品绿色智慧供应链基地。基地建成后可具备全年 3 万吨蔬菜、5000 吨肉类的动态储备和周转能

力，能够有效缓解突发事件对城市应急物资保障的压力，为服务保障首都人民的"菜篮子""肉篮子""果篮子"保驾护航。

三、北京市四大冷链物流项目

2021年，经公开征集和项目审核，北京市四个项目获得了中央预算内投资支持。建成后将有力地推动本市智慧物流发展，并提供相关就业岗位，带动乡村经济发展。

四个项目分别为北京顺丰全自动仓储分拣中心及配套设施项目、北京市平谷首都食材共配中心项目、良乡镇小营农民再就业基地新建标准厂房及配套附属用房建设项目、清真冷鲜牛羊肉标准厂房及配套用房建设项目。其中，前两个项目将补充区域内基础设施短板，后两个项目则涉及肉类冷链物流设施建设。

（一）北京顺丰全自动仓储分拣中心及配套设施项目

本项目是空港型国家物流枢纽的支撑项目。在位于顺义区空港物流基地，建设一座高规格的全自动分拣中心。未来将引进世界领先的全自动分拣设备，分拣能力可达每小时10万件以上。项目建成后将满足持续增长的运营需求，提升智能分拣效率，助推智慧物流发展。

（二）北京市平谷首都食材共配中心项目

本项目是平谷马坊物流基地的支撑项目，主要为餐饮企业提供贮藏、保鲜、包装和运销等服务，是大型餐饮企业的"保鲜库"。项目建设地点位于平谷区马坊镇陆港路1号，建设内容包括冷库、恒温仓库，建筑面积约1万平方米，总库容约3.8万立方米。项目建成后可实现年蔬菜周转能力3万吨、年配送能力5万吨。项目还将在现有口岸、冷库、普库基础上，建设食材共配中心、动态储备中心、农产品研发推广中心，为食品、农产品经营企业提供通关、仓储、加工、销售、配送及供应链金融全链条服务，建设"仓拣配＋金融＋口岸"一站式服务平台。

（三）良乡镇小营农民再就业基地新建标准厂房及配套附属用房建设项目

本项目定位为房山区肉类冷链物流配送中心，重点服务超市及企事业单位食堂等。项目建筑面积约5.6万平方米，建设内容包括肉类分割库、肉类包装库及冷冻冷藏库各1个，其中肉类分割库、肉类包装库的主要功能为肉类产品的粗分割、包装、暂存和低温配送；冷冻冷藏库主要功能为肉类产品冷冻冷藏、分拣分割和低温配送。项目建成后将直接或间接提供近1000个就业岗位，同时依托流通渠道优势，促进当地农副产品产销，带动乡村经济发展。

（四）清真冷鲜牛羊肉标准厂房及配套用房建设项目

本项目定位为窦店现代化农业产业链延伸，重点支撑本市肉类冷链物流服务。项目建设地点位于房山区窦店镇窦店村国家农村产业融合发展示范园，建设内容包括冷库、配套制冷机房各1栋，建筑面积3.3万平方米，冷库库容约3.9万立方米。项目建成投产后，冷鲜牛羊肉年流通量将达到 2.9 万吨，将有效带动当地就业，助力地区经济发展。

第二节　冷链物流企业发展现状

为摸清北京市冷链物流企业发展、经营现状，并发现其中遇到的问题，研究团队通过问卷调查及电话访谈的方式，对北京市冷链物流企业进行了广泛调研。本书根据前期调研结果，对北京市冷链物流企业发展现状进行深入分析。

一、冷链物流企业基本情况

根据企业所有制类型，北京市冷链物流企业可以分为国有企业、私营企业、外商独资企业、中外合资/合作企业、股份制企业等。其中，私营企业占比最高，占据被调研企业的 46%；其次是国有企业，占据被调研企业的 27%；股份制企业占据被调研企业的 11%（见图 2-2）。调查显示，私营企业已经成为北京市冷链物流企业的中坚力量，因此，如何为私营企业创造适合其生存的政策环境、资金环境是北京市冷链物流业能否健康、快速发展的重要问题。

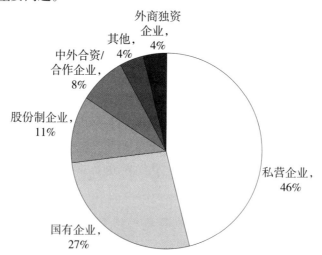

图 2-2　北京市冷链物流企业各所有制类型占比

资料来源：天眼查信息统计。

此次调查还对各企业的注册资本进行了统计。可以看出，北京市冷链物流企业注册资本普遍较高。其中，注册资本 10000 万元及以上的企业占比 10%；注册资本 5000 万（含）~10000 万元的企业占比 12%；注册资本 1000 万（含）~5000 万元的企业占比 31%；注册资本 500 万（含）~1000 万元的企业占比 22%；注册资本 500 万元以下的企业占比 25%（见图 2-3）。

北京有 9 家企业入选 2020 年中国冷链物流企业百强榜（见表 2-1）。其中，京东物流更是位居全国第二。上榜企业中，有 5 家企业注册资本在 2000 万元以上，其中前两名企业的注册资本甚至达亿元以上。

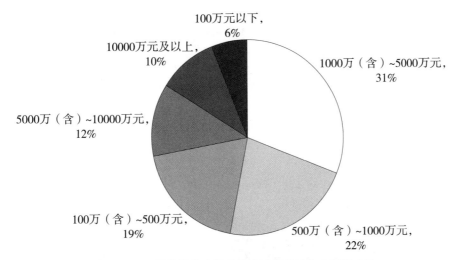

图 2 – 3　不同注册资本的北京市冷链物流企业数量占比

资料来源：天眼查信息统计。

表 2 – 1	**2020 年中国冷链物流百强企业北京区排行榜**		
企业名称	注册资本（万元）	成立时间（年）	全国排名
京东物流	100000	2012	2
北京首农东方食品供应链管理集团有限公司	21442	1994	11
北京澳德物流有限责任公司	3000	2006	18
北京博华物流有限公司	5000	2008	25
北京亚冷控股有限公司	500	2019	30
北京快行线冷链物流有限公司	3027	2014	42
北京中冷物流股份有限公司	1200	2007	45
小码大众（北京）技术有限公司	294	2015	65
北京京隆伟业供应链管理有限公司	1000	2002	99

资料来源：《2020 年中国冷链物流百家重点企业分析报告》、天眼查。

2021 年，全国星级冷链物流企业共 119 家，北京市入榜 5 家（见表 2 – 2）。

表 2 – 2	**2021 年北京市星级冷链物流企业**	
序号	企业	星级
1	北京京邦达贸易有限公司	五星综合服务型
2	北京首农东方食品供应链管理集团有限公司	四星综合服务型
3	北京博华物流有限公司	四星运输型
4	北京澳德物流有限责任公司	三星综合服务型
5	北京京粮物流有限公司	三星综合服务型

二、冷链物流企业的时空分布情况

北京市冷链物流企业主要分布在顺义区、大兴区、通州区、朝阳区，共占据冷链物流企业总数的65%（见图2－4）。北京市冷链物流企业分布严重不均，主要集中在农林牧渔业总产值高的城市发展新区，其次是首都功能拓展区，而在生态涵养发展区和首都功能核心区内分布极少，首都功能核心区的农林牧渔业总产值也极低（见表2－3）。各区的冷链物流企业数量与农林牧渔业总产值在一定程度上相匹配。

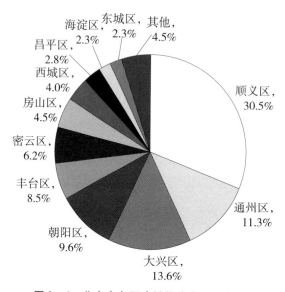

图2－4　北京市各区冷链物流企业分布比例

资料来源：天眼查。

表2－3　　　　　　　　　北京市各区冷链物流企业分布

区域	人口（万人）	农林牧渔业总产值（亿元）	冷链物流企业个数（个）
北京	2154.2	296.5	177
首都功能核心区	200.1	—	11
东城区	82.2	—	4
西城区	117.9	—	7
首都功能拓展区	965.8	11.5	38
朝阳区	360.5	5.0	17
丰台区	210.5	2.2	15
石景山区	59	—	2
海淀区	335.8	4.3	4
城市发展新区	783.9	170.3	111
房山区	118.8	33.8	8
通州区	157.8	39.6	20

区域	人口（万人）	农林牧渔业总产值（亿元）	冷链物流企业个数（个）
顺义区	116.9	46.3	54
昌平区	210.8	18.9	5
大兴区	179.6	31.7	24
生态涵养发展区	204.4	114.7	17
门头沟区	33.1	7.6	1
怀柔区	41.4	14.9	1
平谷区	45.6	39.5	3
密云区	49.5	32.7	11
延庆区	34.8	20.0	1

资料来源：《北京统计年鉴2021》、天眼查。

北京市冷链物流企业中，2018年成立的企业占据总数的13.5%，有11.7%的企业成立于2021年，28%的企业成立于2014年之前（见图2-5）。可以看出，近年来冷链物流企业更新速度较快。

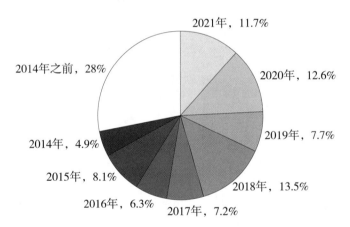

图2-5　北京市冷链物流企业成立年份及占比情况
资料来源：天眼查。

在被调查的企业中，业务范围辐射全国的冷链物流企业数量最多，占据60%，此外，30%的企业业务辐射京津冀地区，7%的企业仅服务于北京本地，3%的企业可提供跨国服务。可见，仍有较多企业业务辐射范围较小，且在国际业务方面有较大发展空间。

三、冷链物流企业的人力资源情况

根据调查数据，有50%的北京市冷链物流企业员工数量为50人及以下，22%的企业员工数量为51~500人，9%的企业员工数量为501~1000人，仅19%的企业员工数量超过1000人（见图2-6）。可见，企业规模总体呈现小而散的特点。

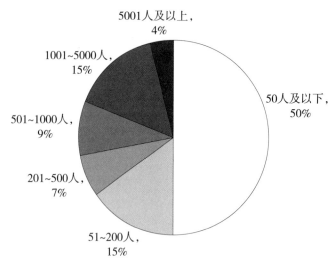

图 2-6 北京市冷链物流企业员工数量分布

资料来源：天眼查。

北京市冷链物流行业从业人员普遍受教育程度偏低，高中及以下学历从业人员占总从业人员的54%，专科学历从业人员占据28%，本科学历从业人员占据17%，研究生及以上学历从业人员仅占1%（见图2-7）。受教育程度较低导致企业管理专业化不足，制约企业长久发展。

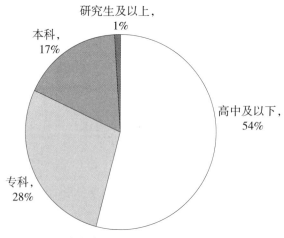

图 2-7 北京市冷链物流企业员工受教育程度情况分布

由于员工总体受教育程度较低，当前北京市冷链物流企业仍存在较大的人才缺口。69%的企业目前需要运输管理、仓储管理人才；62%的企业对冷链管理人才有较大需求；50%的企业对库存管理、营销管理人才有较大需求；38%的企业需要信息管理人才；31%的企业需要供应链设计、人员管理人才（见图2-8）。

四、冷链物流企业的业务运营情况

北京市冷链物流企业的主营业务有冷链运输、市内配送、仓储、流通加工等。其中，

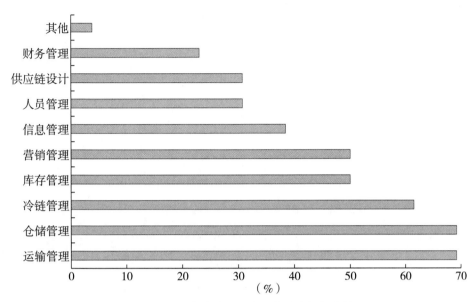

图 2 - 8　北京市冷链物流企业人才资源需求情况

　　分别有91%、76%、71%的企业主营冷链运输、市内配送、仓储业务，是所有冷链业务中的主要业务（见图2-9）。这说明大部分冷链物流企业所提供的服务都集中于这三项业务，核心业务缺乏差异化；且处于较传统的服务领域中，对于高端物流服务领域（如提供供应链整体解决方案、信息分析与决策等）涉及较少，因此服务能力有待提高。

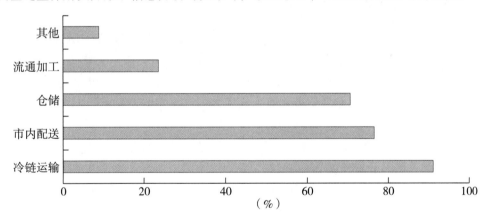

图 2 - 9　北京市冷链物流企业主要业务

　　其服务的产品类型主要是食品类，如果蔬类、肉类、禽蛋类等生鲜农产品，其中，可提供果蔬类和肉类冷链服务的企业比例较高，分别为73%、67%。除了食品类，冷链物流企业服务的产品类型还包括医药类、电子类等，分别有20%、6%的企业可提供相应冷链服务（见图2-10）。

　　北京市冷链物流企业整体认证情况不佳。在接受调查的企业中，42%的企业通过了ISO 9000认证，15%的企业通过了QS认证，还有31%的企业未通过任何认证。通过调查结果可以看出，仍有31%未通过认证的企业，业务运作标准化程度低，总体卫生条件和运营条件堪忧。

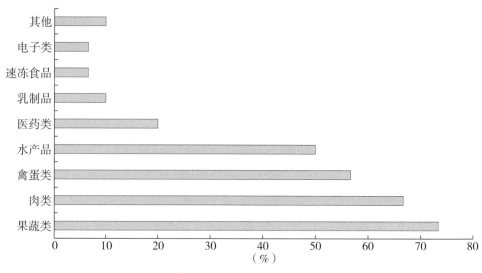

图 2 - 10　北京市冷链物流企业服务的产品类型

据调查，88% 的企业订单处理准确率可达 98% 以上，85% 的企业运输及配送及时率可达 90% 以上，北京市整体冷链物流服务质量较高。冷链物流企业还可提供部分冷链增值服务，服务类型主要有包装服务、信息服务、初加工服务等，可提供该类服务的企业分别占比 73.1%、30.8%、50.0%。

五、冷链物流企业的信息化情况

随着科技的发展、人力成本的上升，信息化和自动化技术在冷链物流领域的应用，对于提高冷链服务质量、实现企业降本增效具有重要的作用。在本次调研的企业中，有 36% 的冷链物流企业信息化投入占企业总投入的 5%～8%，50% 的企业信息化投入占其总投入的 2%～5%，14% 的企业信息化投入低于 2%。北京市冷链物流企业中信息化系统使用率较高的是仓库管理系统、运输管理系统、GPS 与 GIS，使用率分别为 85%、81%、74%；使用率较低的信息化系统有电子订货系统、货主识别系统、自动分拣系统，使用率分别为 22%、22%、15%（见图 2 - 11）。在使用信息化系统的企业中，有 44% 的企业会使用外购系统，41% 的企业会使用自行开发系统，26% 的企业会使用委托定制系统。北京市冷链物流企业总体信息化程度较高，在普及企业信息化的同时，应进一步完善信息化系统，加强各系统之间的衔接，促进系统一体化发展，着重提升信息化系统的使用效果。

已使用信息化系统的企业认为信息化系统为企业带来了诸多益处。88% 的企业认为，使用信息化系统可以提高订单履行的准确率；84% 的企业认为，使用信息化系统可以提高用户满意度；64% 的企业认为，使用信息化系统可以提高仓储设备利用率；56% 的企业认为，使用信息化系统可以减少运输物品的损坏率；48% 的企业认为，使用信息化系统可以缩短平均交货期（见图 2 - 12）。总之，信息化可以提高企业的服务水平，满足物流行业高质量发展的要求，有利于企业的长久发展。

部分信息化系统未全面普及的企业中，未来计划使用率最高的系统是订单管理系统，

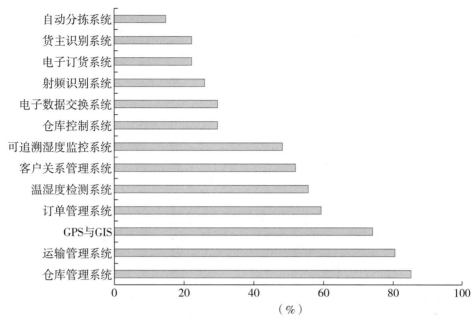

图 2 - 11　北京市冷链物流企业信息化系统使用情况

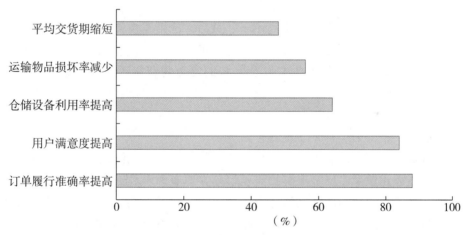

图 2 - 12　使用信息化系统为企业带来的效应

计划使用率达到 48%，其次是自动分拣系统和运输管理系统，计划使用率均达到 41%（见图 2 - 13）。仓库管理系统、GPS 与 GIS、温湿度检测系统等，由于已有较高的使用率，因此企业未来计划使用的需求较少；射频识别系统的已使用和预使用比例均比较低。

六、冷链物流企业发展面临的问题

（一）成本问题

冷链物流的成本投入远高于常温物流。首先，冷链物流属于典型的重资产业态，设备成本较高，冷链物流中心仓库和冷链车辆的成本一般是常温仓库和车辆的数倍，需要大量的资金投入；其次，冷链物流运营成本较高，冷库需要不间断制冷才能保证温度处

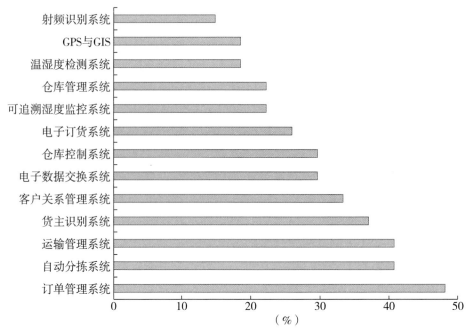

图 2 – 13　北京市冷链物流企业信息化系统预使用情况

于恒定状态，造成冷库的电力成本居高不下；最后，冷藏车也需要不间断制冷才能保证产品的温度恒定，这就需要更多的油费。冷链物流资金回收期较长，不是一般的企业所能承担的。高昂的成本、较低的收益以及紧张的资金周转等因素影响了企业的进一步发展。

（二）业务管理问题

北京市大部分冷链物流企业业务主要集中在运输、仓储、配送等，可以提供全程服务的专业冷链企业比较少。现有冷链物流仅仅是在原有常温仓储和运输的基础上增加了冷库和冷藏车，缺乏创新的冷链物流运行管理模式，以及冷链产业链上的增值过程和增值产品，导致冷链物流只是增加了物流的成本，而没有创造出新的价值。

（三）人力资源问题

我国的物流教育仍处于初步发展阶段，在人才培养模式和培养方法上与企业的要求有一些脱节，虽然每年都有一些物流管理专业的毕业生不断充实到企业中，但由于缺少经验还不能担当重任。现有的从业人员普遍缺乏现代物流管理知识、市场观念等，企业的高级管理层很少受过正规的物流理论培训，主要依靠经验。同时，由于物流行业作业时间较长、工作强度大，企业管理者对人力资源管理观念和水平的落后也造成物流从业人员的严重流失。

（四）市场集中度

北京市冷链物流市场资源的集中度不够。现有冷链物流企业主要是以中小型为主，大型冷链物流企业较少，且整合行业资源和带动行业发展的能力也有限。同时，缺少大型的专业第三方冷链物流信息平台和服务网络，使冷链资源无法科学整合与优化配置。

（五）信息化问题

企业在推行信息化系统时也面临着许多问题，其中，主要的困难在于企业自身对于专业人才的缺乏、行业标准的缺失以及软硬件的投资问题。企业在继续推进、优化信息化的过程中，应开展更多信息化系统培训，注意招收、培养专业人才，加强与信息系统开发公司的合作。同时，要关注企业长远发展，通过使用信息化系统提高企业物流效率，提升物流质量，实现降本增效。

第三章

北京市冷链物流技术与装备发展现状

近年来，随着人们逐渐重视生鲜农产品、医药类产品的品质和安全，以及北京市各级政府的大力支持，北京市冷链物流技术与装备得到了快速发展。冷链物流技术与装备在迅速崛起的同时，也暴露出了技术水平低、安全隐患多、冷链运输设施设备匮乏、冷链物流信息"断链"等问题。此外，新冠肺炎疫情的暴发，对冷链物流技术与装备的发展提出了新的挑战。为实现安全高效的冷链流通，亟须研究具有杀菌消毒功能的冷链技术，统筹推进涵盖"硬件＋软件"的全程冷链物流技术与装备体系建设。本章前三节从冷链的储藏、运输及保鲜加工环节阐述了现阶段冷链物流技术与装备的发展现状，第四节、第五节则从保障冷链物流安全的角度出发，阐述了冷链物流的追踪追溯及消杀防控技术的发展现状。

第一节　冷链储藏技术与装备发展现状

冷链物流泛指产品在生产、贮藏、运输、销售的各个环节始终处于规定的温度区间，来保证产品质量、减少过程损耗的一项系统工程。它是随着科学技术的进步、制冷技术的发展而建立起来的，是以冷冻工艺学为基础、以制冷技术为手段的低温物流过程，由预冷加工、冷冻冷藏、冷藏运输、冷藏销售四个环节组成。因此，预冷加工、冷库和冷藏车等冷链物流技术与装备的发展和进步，在冷链物流体系当中发挥着极为重要的作用。冷链物流体系如图 3 - 1 所示。

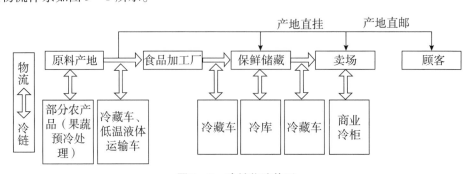

图 3 - 1　冷链物流体系

一、冷链储藏技术发展现状

（一）冷加工技术与装备

冷加工技术与装备主要用于果蔬农产品、肉类、水产品等易腐食品的预冷加工、冷冻加工，是全程冷链物流的第一站，主要涉及的关键技术及装备是预冷和速冻两方面。

1. 预冷技术

预冷主要是通过低温处理方法将采摘后的果蔬和刚生产的食品的品温迅速降低到工艺要求温度的操作过程。现有传统预冷方式主要有空气预冷、水预冷、冰预冷；真空预冷、压差预冷作为新的预冷技术正在不断发展中。其主要的预冷原理、优缺点及适用范围如表3-1所示。

表3-1 　　　　　　　　　　　　　　预冷技术的类型

预冷技术	预冷原理	优缺点	适用范围
空气预冷	采收果蔬（货物）之后放在阴凉通风的地方，通过自然风散去果蔬的"田间热"，使果蔬降温，实现预冷	优点：操作简便、成本低 缺点：降温耗时长，温度不可控	适用于成分变化缓慢、不易腐烂的产品
水预冷	将果蔬放在特定温度的水中，由于水温低于果蔬的温度，水会持续传导果蔬的温度，最终使果蔬温度和水温持平，实现预冷。主要有两种方式：一是产品浸没在水中；二是对产品进行冷水冲洗或淋洗	优点：成本低、能够一定程度防止果蔬萎蔫 缺点：预冷速度慢、容易造成产品污染	只适合坚实的果类
冰预冷	将冰块与产品装入防水的容器中，低温的冰块在融化过程中吸收果蔬表面的温度，从而实现预冷	优点：成本低 缺点：预冷速度慢、冰占据大量体积，影响货物装载量	与冰接触不会产生损耗的产品
真空预冷	将需预冷的产品放置在密闭的容器中，对其进行减压，使产品本身水分蒸发，带走大量的蒸发潜热而被冷却	优点：预冷速度快、避免二次污染、效率高 缺点：操作复杂	含有较高水分的产品
压差预冷	利用风机产生的压差，使冷风在产品的表面流过，带走产品的热量，从而实现预冷	优点：预冷速度快、预冷均匀、设备成本低 缺点：对包装箱要求严格、预冷时菜箱码放要求严格	现多用于出口果蔬

2. 速冻技术及装备

速冻技术是运用现代技术在尽可能短的时间内，将食品温度降低到其冻结点以下的某一温度，使其所含的全部或大部分水分随着食品内部热量的外散而形成微小冰晶体，最大限度地减少食品中的微生物生命活动和食品营养成分发生生化变化所必需的液态水分，最大限度地保留食品原有的天然品质。

现代的速冻技术主要有三种：一是机械式食品速冻技术，该技术通常以氨作为制冷剂，通过封闭的循环系统来间接吸收食品的热量；二是超低温食品速冻技术，利用液氮等超低温气体或液体对食品进行冻结，该技术前期投入小，且技术装备占地面积小，速冻速率快，在现代食品行业应用较为广泛；三是冲击式食品速冻技术，将食品固定于传送带上，用器械制造出的高压气流直接冲击食品以进行冷冻，相对于传统的机械式速冻技术，其速冻速率更快。

速冻技术也促进了速冻装备的快速发展。速冻装备主要分为以下三种：鼓风式速冻装备、间接接触式速冻装备、直接接触式速冻装备（见表3-2）。鼓风式速冻装备包括隧道式速冻装备、螺旋式速冻装备、流态化速冻装备；间接接触式速冻装备涉及平板式速冻装备、钢带式速冻装备、回转式速冻装备，其中平板式速冻装备应用更为广泛；直接接触式速冻装备包括浸渍式速冻装备、喷淋式速冻装备。北京市果蔬冷加工以浸渍式速冻装备和喷淋式速冻装备为主，对于肉类则主要采用螺旋式速冻装备；在速冻环节，基于液氮的直接接触式速冻装备应用最为广泛。

表3-2　　　　　　　　　　　速冻装备分类的基本情况

速冻装备	原理	装备分类	优缺点	适用范围
鼓风式速冻装备	利用低温空气的高速流动，促使食品快速传热，使冷空气在较短时间内带走食品的热量，达到速冻的目的	隧道式速冻装备、螺旋式速冻装备、流态化速冻装备	隧道式速冻装备结构简单，冻结速度快，可实现连续化生产，但设备占地面积较大；螺旋式速冻装备具有结构紧凑、适用面广、占地面积小、冻结能力大、能实现连续化生产等优点，但其设备投资大、功耗也较大；流态化速冻装备冻结速度快、冻成品不结块、干耗较小、耗能较低	隧道式速冻装备中吊挂式速冻装备主要用于大型水产品及家禽胴体的冻结；吊篮式速冻装备主要用于中小体积水产品、果蔬、调理食品等；传送带式速冻装备适合形态比较小、冻结时间比较短的产品。螺旋式速冻装备适用于处理体积小而数量多的食品。流态化速冻装备一般用于体积较小的颗粒状、片状、条状或块状食品
间接接触式速冻装备	将食品放在各层平板间，然后将平板压紧，由于空心平板中冷媒蒸发，降低食品温度，一般采用氟利昂、盐水等作为冷媒	平板式速冻装备、钢带式速冻装备、回转式速冻装备	优点：传热系数大、速冻时间短、可在常温间运行、占地面积小、安装操作方便、便于移动；缺点：设备结构较复杂，不能进行连续性生产，且对速冻食品的厚度有一定限制	适合批量冻结鱼糜、肉类、水果泥、贝类等食品，可在船舶上使用

速冻装备	原理	装备分类	优缺点	适用范围
直接接触式速冻装备	将食品与低温制冷剂直接接触换热，使食品迅速降温冻结，常用的制冷剂有液氮、液态二氧化碳、盐水、丙二醇等	浸渍式速冻装备、喷淋式速冻装备	优点：冻结速度快、食品干耗小；缺点：制冷剂回收困难、损耗大、成本高，对制冷剂有一定的限制	主要用于鱼类的冻结

（二）冷库基本情况

1. 冷库的分类

按照冷藏的温度可以将冷库分为恒温库、保鲜库、冷藏库、冷冻库、速冻库和超低温库。

恒温库是储藏果品、蔬菜、花卉和其他易腐易烂商品的专用商储设施。规范合理、严格科学的温度控制是恒温库保证商品质量的关键。由于恒温库客观上存在着区域温差和空间温差，并不能保持绝对平均和恒定的最适温度，这直接影响着商品的整体质量和企业的经济效益。

保鲜库通常用于贮藏保鲜，其主要的内容是保鲜，即较长时间内，最大限度地保持一些农产品原有的品质和新鲜度。在贮藏保鲜一段时间后，农产品仍然是刚采摘时或接近刚采摘时的鲜活状态和品质。

冷藏库即冷却后食品的储藏库，它把冷却食品存放在冷藏间内进行短期储存。通常冷却食品的冷藏间保持库温 -5 ~ 5℃，主要用于储存果蔬和禽蛋等食品。

冷冻库即冻结后食品的储藏库，它把冻结食品存放在冻结间内进行长期储存。通常冻结食品的冻结间保持库温 -25 ~ -18℃，用于储存肉、鱼及低温食品等。

速冻库又叫隧道冷库、速冻隧道冷库，用于食品快速冻结，库温通常为 -30℃以下。-30℃首要用于食物的速冻，如速冻肉、速冻水饺、速冻蔬菜等需要在限制时刻内被迅速冻住的产品。

超低温库的温度要求一般是 -30℃左右，根据物品储藏要求有时需要 -45℃、-60℃，甚至更低。超低温库一般是用于存放生物制品、干细胞、骨髓等，还可储存珍贵的海鲜食品，比如金枪鱼，金枪鱼在 -60℃储存最适宜，这个环境可以长期保证鱼肉品质柔嫩鲜美，营养不流失。

2. 冷库的结构类型

冷库按照结构类型可以分为土建式冷库和装配式冷库（见表3-3）。

土建式冷库一般为夹层墙保温结构，占地面积大；库房的承重和外围结构是土建的形式。土建式冷库一般为多层冷库，每层层高为 4.5 ~ 6m，货物多采用码垛的形式堆放，以人工搬运为主。近几年国内出现的一些较新的土建式冷库，特点是使用货架存放、自动化程度高、出入库方便，相对于传统的土建式冷库更适应现代冷链物流的要求，主要

表 3 – 3 不同结构类型冷库的基本情况

冷库类型		基本情况
土建式冷库	旧型	占地面积大，一般为多层，用码垛形式堆放货物
	新型	货架存放，自动化程度高，出入库方便
装配式冷库	3 ~ 6m	应用于各类超市及批发市场
	6 ~ 9m	普通叉车存取，横梁式或驶入式货架
	9 ~ 15m	高位叉车存取，横梁式单、双进深或穿梭式货架
	18m	叉车存取
	18m 以上	采用高层货架和自动化管理系统

资料来源：《北京市冷链物流报告（2015）》。

面向第三方冷链物流。

装配式冷库是近年来发展起来的一种拼装快速、简易的冷藏设施，它具有以下优点：保温隔热和防潮防水性能良好；使用范围可在 − 50 ~ 100℃；质量轻、不易霉烂、阻燃性能好；一般为单层冷库，层高为 3 ~ 30m，利用托盘在货架中堆放货物，存取方便。装配式冷库采用库架合一的方式，即货架除承受货物的荷载外，还作为库房的骨架，故不需要再单独建造土建房屋或钢结构房屋，既节约了成本，又提高了空间利用率；利用多种制冷技术节能省电；温度波动 < ±0.1℃，库温恒定，不仅保证了储存的货物品质保持不变，也为客户节约了成本；采用仓储管理系统和条码扫描技术，实现了货物的先进先出和货物的全程追踪；实现全自动智能管理，不需要人力搬运、人工值守，提高了企业的管理水平。

3. 冷库的基本技术

（1）保温材料。

应用于冷库的保温材料主要有聚氨酯和聚苯乙烯保温板。聚氨酯应用于土建式冷库时主要喷涂在墙体和房顶上，应用于装配式冷库时主要以夹芯板的形式作为冷库的墙体或者屋顶。聚苯乙烯保温板因其良好的抗压性和易安装性在冷库中更多地应用于地面或墙面。但是这两种材料也存在一定的缺点：聚氨酯相对而言防火性能较差，而聚苯乙烯保温板保温性能较差。

（2）柱底防冷桥材料。

柱底防冷桥最初使用红木垫块，虽然其抗压性及隔热性都满足需求，但由于其易腐烂、易被昆虫破坏及吸水冻胀特性，时间久了冷库性能就会逐步降低。现在使用的硬质聚氨酯保温垫块，抗压强度达 20MPa，导热系数 ≤0.060W/mK（−160℃时），密度 ≥480kg/m³，吸水性能基本为 0，其化学及物理性质相对稳定。

（3）乙二醇地坪防冻系统。

以前的冷库多采用架空的方式来防止地面冻鼓，但这一方法初期投资大、施工周期长，同时架空层内常年潮湿，存在食品安全问题。乙二醇地坪防冻系统是在冷库地坪保温层下埋设管道，利用循环泵将乙二醇加入地下管道内，使其循环流动，以吸收地坪传出的冷量，起到防冻的作用。这种方法投资小，节能环保。

（4）垂直式卸货站台。

传统的站台坑设计，因在卸货站台调节板与预留坑之间存在缝隙而出现密封不严的情况，湿热空气会顺着缝隙进入低温穿堂内，影响低温穿堂内的温度并出现严重的结露现象。在一些新型冷库中，采用垂直式卸货站台，基坑连续，而且站台的垂直提升门直接落到预留坑里，站台高度调节板在不使用时会垂直立于低温穿堂内，从而保证了卸货站台处的气密性。

（5）快速保温冷库门（卷帘）。

冷库门是冷库进出货物的通道。由于冷库门经常开启和关闭，是冷库最容易损坏的部位，且保温功能的实现也存在一定难度。据调查，冷库门性能不良可使能耗增加15%或者更多。此外，由于冷库内外的冷热空气在门洞的周围进行剧烈交换，产生大量的雾气，门洞周围易出现结露、结霜、结冰等现象。经反复冻融循环，冷库门周围的建筑构造极易损坏。

根据分析，通过冷库门的能量交换90%以上都是因为内外的空气对流而非门体的热传导。而空气对流与冷库门的打开时间有直接关系，因此要最大限度地减少开门时间。快速保温冷库门（卷帘）可以快速启闭，从而有效减少冷库内外的空气对流。

（6）布袋式风道。

土建式冷库受层高限制，如果冷库长度过长，采用风机会存在气流吹不到端头的问题。同时，高速度的气流也会增加货物的干耗。而且采用风机制冷，在货物的顶端和屋顶之间还要预留1米左右的高度，意味着较大的空间浪费。

布袋式风道设置在走道的正中间，一方面可以延伸气流，另一方面从布袋侧面的出风均匀缓和，有效地缓解了干耗问题。

（三）冷链销售技术及装备

冷链销售技术主要涉及高效环保制冷技术、空气幕设计技术、解冻技术等，应用到的冷藏装备包括商用冷藏柜、冷冻柜等。冷柜作为冷链的终端设备，商用冷柜市场正在快速成长。2021年我国商用冷柜销量为1352万台，同比增长16.5%，达到近五年的峰值。其中，制冷陈列柜销量为662万台，同比增长14.7%，占据将近一半的市场份额；饮料柜销量为217万台，市场增速超过10%[①]。随着多元化、多模式的冷链销售业态发展，冷链销售终端需求也趋于多样化。

二、冷库应用情况分析

（一）冷库容量情况分析

2021年中冷联盟发布的《全国冷链物流企业分布图》显示，2011—2020年北京市冷库容量一直呈现增长趋势。其中，2014年冷库容量增长最快，增长率达到30.6%。2015

---

① 资料来源：中国制冷空调工业协会。

年，冷库容量增长率出现显著下跌，原因是 2015 年中共中央政治局在审议《京津冀协同发展规划纲要》时，提出疏解北京市非首都功能，推进京津冀协同发展。2016—2019 年，冷库总容量及人均冷库容量增长率均稳定在 12% 左右（见图 3 - 2 和图 3 - 3）。2020 年上半年，包括国务院及其下属的商务部、财政部、农业农村部在内的多个部门发布多项冷链物流基础建设相关政策，支持我国冷链物流基础设施建设，冷库容量小幅提升，增长率为 18%。2021 年北京市冷库容量为 209 万吨，人均冷库容量为 0.095 吨/人，远高于全国人均冷库容量 0.037 吨/人。冷库容量与各地区的经济发展水平和消费能力呈正相关，但与前几年相比，2021 年北京市冷库容量及人均冷库容量增速均有所下降，主要是冷库总量已基本

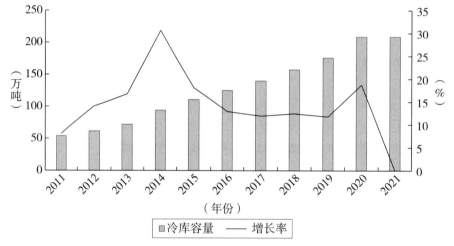

图 3 - 2 北京市冷库容量及增长率

资料来源：《全国冷链物流企业分布图》。

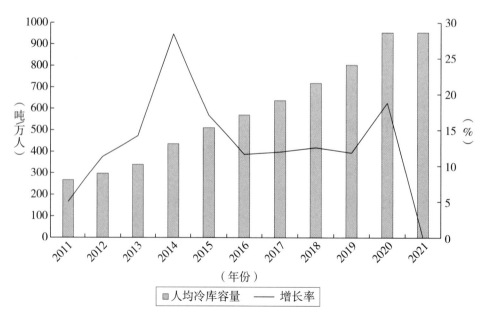

图 3 - 3 北京市人均冷库容量及增长率

资料来源：根据《全国冷链物流企业分布图》《北京统计年鉴 2021》计算得出。

能够满足储存需求，同时由于市场监管政策的收紧和客户要求的提高，部分旧冷库面临整改或关停，而适合现代冷链物流发展需求的新冷库建设尚需周期。

随着新改造的冷库投入使用以及京津冀一体化发展，未来北京市冷库的供求不均衡的情况可以得到缓解，北京市冷库租金有望降低。

（二）北京市冷库分布情况

1. 北京市冷库体量分布情况

根据不完全统计，2021 年 12 月，北京市共有 201 个冷库，其中，面积为 6001 ~ 12000 平方米的冷库数量最多，共有 46 个，占北京市冷库数量的 23%；面积为 1000 平方米及以下的冷库数量最少，共有 15 个，占北京市冷库数量的 7%。北京市冷库其他面积区间范围的数量分布则较为平均（见图 3 - 4）。

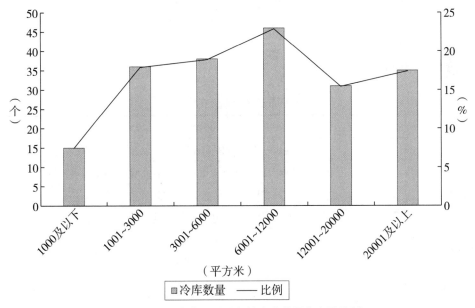

图 3 - 4　北京市不同面积的冷库数量分布及比例

资料来源：链库网。

从冷库的规模上看，北京市冷库主要以库容在 10000 吨及以下的中小型冷库为主，占冷库总量的 48%；10001 ~ 30000 吨的中型冷库占冷库总量的 31%；30001 吨及以上的大型冷库占冷库总量的 21%。

2. 北京市冷库区域分布情况

北京市冷库主要分布在大兴、顺义、通州、朝阳四个区域，占北京市冷库总面积的 68%（见图 3 - 5）。其中，大兴区冷库面积最大，为 11.36 万平方米，占据北京市冷库总面积的 26%；其次是顺义区和通州区，冷库面积分别为 7.69 万平方米和 6.12 万平方米；朝阳区冷库面积为 4.81 万平方米。

通过对北京市各区的冷库位置数据进行统计（见表 3 - 4）可以看出，北京市冷库主要分布在京开高速、京沈高速、首都机场高速等高速公路附近和大型国道上，选

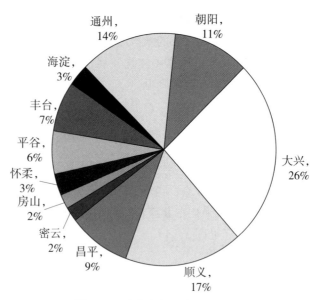

图3-5　北京市各区冷库面积分布

资料来源：物联云仓。

表3-4　　　　　　　　　　　北京市各区冷库分布情况

区域名称	冷库集中地
丰台区	新发地桥、玉泉营桥附近较多，世纪森林公园附近
大兴区	近京开高速芦城工业开发区，集中分布在G4501国道附近
顺义区	马坡镇、高丽营镇、南彩镇、林木镇
通州区	东六环附近，邻京沈高速、京沪高速、通燕高速、台湖镇
海淀区	西直门外四道口
朝阳区	首都机场高速附近
平谷区	马坊物流基地

资料来源：中物联冷链委。

址都聚集在交通便利的地方，便于与从外省调入北京的生鲜农产品等需要冷藏储存的商品进行对接。

北京市五环以内冷库出租平均价格为3.2~3.5元/（吨·天）、五环以外出租平均价格为2.2~2.8元/（吨·天），北京市五环以内的冷库出租的价格要高于五环以外的价格。

（三）冷库功能情况

北京市冷库按温度类型可分为冷藏库、冷冻库、恒温库、多温库以及气调库（见图3-6）。其中，冷藏库的数量占冷库总数的61.5%，冷冻库的数量占冷库总数的58.4%，恒温库的数量占冷库总数的22.4%，多温库的数量占冷库总数的8.1%，气调库的数量占冷库总数的5.0%。并且，69%的冷库包含至少两种温度类型。

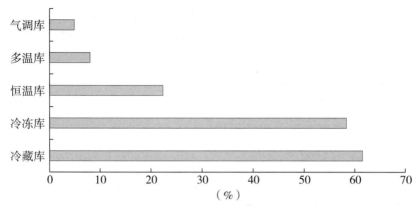

图 3 - 6　北京市不同温度冷库占比情况

资料来源：链库网。

从冷库经营类型上看，北京市冷库主要为区域分拨型冷库、城市配送型冷库和产地型冷库，分别占冷库总量的 43%、26%、16%；园区型、批发市场型、生产加工型、中央厨房型、医药型的冷库数量极少，共占冷库总量的 15%（见图 3 - 7）。

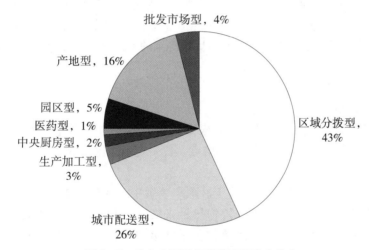

图 3 - 7　北京市不同经营类型的冷库分布

资料来源：链库网。

冷库中商品的存放形式主要有货架存放和堆垛存放两种，其中，北京市 37.3% 的冷库使用货架存放的形式，21.7% 的冷库使用堆垛存放的形式，28.6% 的冷库两种商品存放形式均有采用。92.31% 的冷库拥有月台，其中 84.0% 为封闭式低温月台，16.0% 为常规开放月台。50% 的北京市冷链物流企业拥有自有仓库。61.5% 的冷库使用氟利昂作为制冷剂，26.9% 的冷库使用氨作为制冷剂。

第二节　冷藏运输技术与装备现状及应用

冷藏运输是使易腐食品在流通过程保持全程低温环境的运输模式，运输方式可以是公路运输、水路运输、铁路运输、航空运输，也可以是多种运输方式组成的多式联运。但是，我国冷藏运输主要以陆地运输方式为主，因而本小节主要是对北京市冷藏车的情况进行分析。

一、冷藏车技术发展现状

（一）冷藏车的分类

冷藏汽车有两种：无冷源和有冷源。无冷源的冷藏汽车，货厢内的温度取决于所装运货物的温度，保冷时间较短。这种冷藏汽车主要用于市内食品运输。有冷源的冷藏汽车又分为有临时冷源和有固定冷源两种。

有临时冷源的冷藏汽车，货厢内设有冷却槽，装入天然冰、干冰或其他金属盐溶液冰块作为制冷剂，通过制冷剂的融化或蒸发，吸收热量以取得低温。厢内温度一般为 $0 \sim 8℃$，适用于短途运输。近年来，出现用液氮作临时冷源的冷藏汽车，货厢内温度可降至 $-30 \sim -18℃$，但成本较高。

有固定冷源的冷藏汽车，货厢内装有空气调节器或机械制冷设备。装有空气调节器的货厢内能保持 $3 \sim 5℃$ 的温度和 90% 的湿度，可用于长途运输；装有机械制冷设备的货厢温度可保持在 $-25 \sim 0℃$，主要用于运输冷冻（ $-10℃$ 以下）和深度冰冻（ $-18℃$ 以下）的食品，如冻肉、冻鱼、冻虾和冻鸡等。这种有固定冷源的冷藏汽车又称为冷冻汽车。

（二）冷藏车制冷方式

1. 水冰及盐冰制冷

在标准大气压下，冰的熔点为 $0℃$。根据融化吸热的物理原理，冰融化时需要吸热 $334.8kJ/kg$，在水冰中添加盐类可降低其熔点。在一定范围内，水冰中盐的占比越高，则熔点越低。

将需要冷冻保鲜的货物包装好放置于冷藏车装置中，在包装周围放上水冰或者盐冰，运输过程中，水冰或者盐冰通过吸收货物热量来实现全程低温。水冰制冷装置投资少、运行费用低，但是普通水冰或者盐冰单位质量的吸热量较小，车厢内降温有限。此外，冰融化后的盐水对金属有较强的腐蚀作用，且会对运输物品产生污染，因此水冰或者盐冰制冷主要用于鱼类等水产品的冷藏运输。

2. 干冰制冷

干冰制冷和水冰制冷原理相近，水冰通过融化吸热，干冰通过升华吸热，二者效果相近。干冰是固态的 CO_2，在标准大气压力下，从固态 CO_2 升华为气态，每千克吸热 137kcal。由于干冰的升华温度很低，吸热能力较强，用干冰作为冷源，可使车厢内温度更低。

干冰制冷装置简单、投资和运行费用较低、使用方便、货物不会受潮。干冰升华产生的 CO_2 气体能抑制微生物繁殖、减缓脂肪氧化以及削弱水果蔬菜的呼吸作用。但是，CO_2 气体太多会造成水果、蔬菜的呼吸困难而变质，且厢内温度难以调节，故干冰主要用于运输零售冷藏食品的车辆。

3. 冷板制冷

冷板制冷原理就是利用蓄冷剂冷冻后所蓄存的冷量进行制冷。运输前先将厢内冷板中的蓄冷剂进行"充冷"，使其冷却冻结，然后在运输途中利用冷板中的蓄冷剂融化吸热，使厢内温度保持在所运输货物的适温范围内。故将冷板又称"蓄冷板"。

冷板制冷装置结构简单，便于维修，投资和运行费用较低，运输时没有噪声和污染，但是冷板易腐蚀，使用年限一般为 5 年。其适用于轻、中型冷藏汽车作短途运输。

二、冷藏车的应用情况分析

冷藏运输是冷链物流的重点环节，我国冷藏运输的方式主要有公路、铁路、海运和航空四种，其中公路冷藏运输占 75%。以医药冷链运输为例，根据对国药、九州通等医药企业调研可知，当前北京市医药冷链运输只有极少数应急物品涉及航空运输，市内配送全部以公路为主。

据中冷联盟发布的 2021 版《全国冷链物流企业分布图》的数据显示，2021 年我国自有冷藏车辆为 4.37 万台，较 2020 年增长 4%。2021 年，北京市自有冷藏车数量为 3374 辆，较 2020 年降低 12%（见图 3 – 8）。北京市人均自有冷藏车数量及增长率如图 3 – 9 所示。北京市自有冷藏车数量自 2019 年开始呈显著下降趋势，导致此变化趋势的主要原因是，2017 年 4 月，国务院办公厅印发了《关于加快发展冷链物流保障食品安全促进消费升级的意见》，对冷藏车的规范性进行治理；2017 年 7 月，国家发展改革委等 13 个部委联合制定《加快推进天然气利用的意见》，要求在京津冀等大气污染防治重点地区加快推广天然气重卡代替重型柴油车。2020 年 10 月，国家卫生健康委、国家市场监管总局发布《食品安全国家标准 食品冷链物流卫生规范》（GB 31605—2020），该标准是首个食品冷链物流强制性国家标准，行业规范不断加强。三个文件的颁布导致大量不符合规范的社会冷藏车被淘汰，北京市冷藏车出现大量更新换代，高能耗冷藏车被清洁能源冷藏车取代。

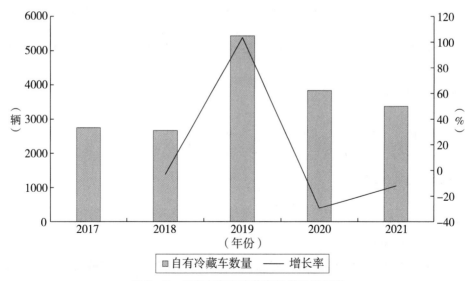

图 3 – 8　北京市自有冷藏车数量及增长率

资料来源：2021 版《全国冷链物流企业分布图》。

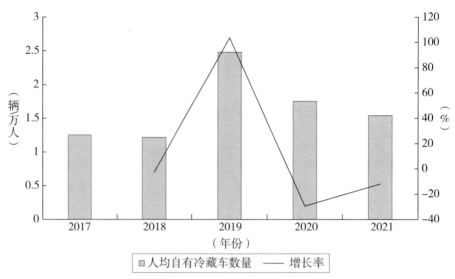

图 3 - 9　北京市人均自有冷藏车数量及增长率

资料来源：根据 2021 版《全国冷链物流企业分布图》及《北京统计年鉴 2021》计算得出。

第三节　冷链保鲜加工技术发展现状

一、冷链保鲜加工技术发展现状

保鲜技术主要分为三大类，分别是物理保鲜技术、化学保鲜技术、复合保鲜技术。

（一）物理保鲜技术

物理保鲜技术是通过改变温度、压力、氧含量等外部因素，抑制或杀灭有害微生物、减少氧化、破坏酶活性，从而达到保鲜及延长保藏期的作用。现阶段紫外线杀菌、超声波、辐射保鲜技术应用广泛，冰温、高压静电场、气调包装等新型的保鲜技术正处于推广阶段。

1. 冰温保鲜技术

冰温保鲜技术将食品置于 0℃ 以下冰点以上的温度范围内进行贮藏，此时生鲜食品的生理活性可维持在最低限度，且不会产生冻害；既保持了食品品质，又延长了食品货架期。

2. 高压静电场保鲜技术

高压静电场保鲜技术通过电离空气产生离子雾和臭氧，降低酶活性、抑制新陈代谢，从而达到保鲜的目的。

3. 气调包装保鲜技术

气调包装保鲜技术是利用控制气体比例的方式来达到储藏保鲜的目的。用来保鲜的气体通常是 CO_2、O_2 和 N_2。CO_2 可以抑制好氧细菌的生长繁殖，一定浓度的 O_2 可以保持冷却肉的色泽并抑制厌氧菌的生长繁殖，N_2 作为填充气体则可以抑制冷却肉的氧化腐败。

产品在不同气体环境中的菌群存在差异，因此，气调保鲜技术中不同气体的比例是关键。

（二）化学保鲜技术

化学保鲜技术通过浸泡、喷淋或涂膜等方式将保鲜剂添加到冷却肉中，以达到抑制微生物生长，减缓氧化酶分解，保持食品风味、色泽及其营养成分的目的。通常分为化学保鲜剂保鲜技术和天然保鲜剂保鲜技术。

1. 化学保鲜剂保鲜技术

化学保鲜剂保鲜技术运用各种化学试剂来达到保鲜目的，使用的试剂主要有乙酸、乳酸、柠檬酸、山梨酸及其钾盐等。化学保鲜剂的使用是将试剂直接涂抹于产品上。

2. 天然保鲜剂保鲜技术

天然保鲜剂保鲜技术则是通过植物提取物、壳聚糖及乳酸链球菌素等一些抗菌抗氧化的物质来进行试剂涂抹。该类天然保鲜剂是具有高效低毒、效果优良、使用安全且有一定保健功效特点的食品添加剂。

（三）复合保鲜技术

复合保鲜技术通过同时对食品使用两种或两种以上的保鲜技术，达到更佳的保鲜效果。例如，冰温和气调包装相结合的复合保鲜技术、冰温保鲜与天然保鲜剂相结合的复合保鲜技术等。

二、冷链保鲜加工技术应用

1. 案例一：黄金梨、丰水梨贮藏保鲜技术

黄金梨、丰水梨贮藏保鲜技术采用 HACCP 理念，对影响黄金梨、丰水梨等砂梨采后贮藏的关键控制点进行分析研究，建立以黄金梨、丰水梨为主的砂梨采后质量控制技术规范。采用本项技术后，黄金梨冷藏期达到 5~6 个月，果实硬度在 $5.0kg/cm^2$ 以上，果实黑心率在 5% 以下；丰水梨冷藏期达到 7~8 个月，果实硬度在 $4.0kg/cm^2$ 以上，损耗率控制在 5% 以下。

黄金梨、丰水梨贮藏保鲜技术已在北京大兴及其周边区县示范、推广，仅大兴区的果农累计增加收入 6612.0 万元以上，有效缓解了成熟季节集中上市给果农造成的销售和价格双重压力。该项技术的推广为果农增收提供了技术保障，同时保证了砂梨产业健康、持续发展。

2. 案例二：鲜切果蔬加工保鲜技术集成

鲜切果蔬加工保鲜技术集成要点包括保鲜技术体系的建立、专用包装材料的研发与应用、生产工艺的优化。该技术主要通过研究不同果蔬的呼吸速率并依此建立模型，研发出各种鲜切果蔬专用的包装材料，并通过建立涵盖包装材料、保鲜条件、包装规格、容积比及包装规范等方面的气调包装保鲜技术体系，有效延长了鲜切果蔬产品的货架期，达到保鲜的作用。此外，该技术集成突破了不同果蔬变色的问题，采取不同护色剂和气调保鲜相结合等技术手段，对鲜切果蔬褐变防控技术进行集成应用，有效提高了鲜切果蔬产品品质。

鲜切果蔬加工保鲜技术集成已成功应用于肯德基、麦当劳、汉堡王、赛百味等知名餐饮集团的鲜切菜生产商，示范应用于长子营航食基地——北京市裕农优质农产品种植有限公司大兴分公司。该基地是华北地区最大的鲜切果蔬加工基地，建立了鲜切菜技术及集成示范生产线 3 条。新型鲜切果蔬气调保鲜包装材料及保鲜体已成功将 16 个产品的保质期不同程度地延长了 2 ~ 9 天，取得了巨大的经济及社会效益。

三、冷链保鲜加工技术发展趋势

（一）加强冷藏保鲜技术安全健康发展能力

为保持产品的品质、延长产品保质期，通常是通过改变产品的储存环境或在产品中加入各类保鲜剂来达到保鲜目的，然而现阶段广泛应用的化学保鲜剂如果长时间摄入将影响人体健康，因而，保鲜应以天然、无毒、无害为主，结合新型包装及灭菌技术。

（二）提升冷链保鲜节能环保技术水平

冷链低温环境的获得和保持过程带来了大量的能源消耗和温室气体排放。目前我国冷链物流行业总耗电量超过 2000 亿千瓦时，并将随着我国冷链物流的高速发展而快速增加。《绿色高效制冷行动方案》的提出与双碳目标的实现将促进冷链保鲜节能环保技术应用的步伐。因而，研制环保、高效、可持续的冷链保鲜储藏技术装备是冷链行业的重要任务，同时应加快冷链碳减排技术的研究与应用。

第四节　冷链追踪追溯技术发展现状

一、冷链食品追溯平台发展现状

2020 年 11 月 1 日，北京市冷链食品追溯平台（以下简称"北京冷链"）正式运行。通过使用该平台，北京市进口冷藏冷冻肉类、水产品全面实现"码上"追溯。企业或消费者实现"来源可追、去向可查"，例如，进口冷链食品的产地、是否具备核酸证明等。

（一）信息追溯

依据北京市要求，北京市进口冷链食品生产经营单位要通过微信或者支付宝关注"北京冷链"小程序，完成主体用户注册，并从 2020 年 11 月 1 日开始如实上传进口冷藏冷冻肉类和水产品的品种、规格、批次、产地、检验检疫、流向等数据。已有自建追溯系统的进口冷链食品生产经营单位，可采取批量导入或者系统接口等方式上传数据。此外，"北京冷链"实行"首站赋码"管理：将从京外采购进口冷藏冷冻肉类、水产品并运入北京市的进口冷链食品经营单位作为首站，在平台上传产品的追溯数据，使用"北京冷链"按批次为相关产品进行电子追溯码赋码。具有符合 GS1 编码和追溯标准的追溯码的产品无须另行赋码。

（二）注册范围

申请注册平台的用户范围涵盖了北京市冷链食品供应链的各环节，如供应端的进口冷链食品供货企业、流通端的冷链物流企业以及作为零售端的大型商超、网购平台、餐饮单位等。

（三）违规处理

北京市市场监督管理局规定自 2020 年 11 月 1 日起，对未按照追溯平台管理要求录入相关追溯数据的进口冷藏冷冻肉类、水产品，要做到不采购、不销售、不使用。同时北京市市场监督管理局对企业和冷链食品的检查范围日趋严格。

二、冷链追踪追溯相关技术应用

"北京冷链"运用了区块链、电子编码、大数据等现代信息技术，实现进口冷链食品全程可追溯、可监管、可查询。北京市在冷链食品疫情防控中已应用全球首个软硬一体的区块链底层平台——长安链，该平台自 2021 年 11 月上线以来，已接入了在北京地区的 20000 余家企业和商铺，同时监管货品的累计量超过 65 万吨，该平台在北京的应用场景已达 100 个。

（一）物联网技术

物联网的核心技术包括无线传感器网络技术、无线射频识别（RFID）技术、二维码技术、M2M 通信技术、全球定位系统技术、微机电系统技术和两化融合系统技术等。物联网技术已全面应用于冷链物流运输中的各个环节，采集冷链物流各环节信息、实现实时信息共享、保持冷链信息畅通、提高冷链流通效率。

1. 仓储管理阶段

仓储管理阶段主要运用 RFID 技术实现该阶段中物联网技术的应用。在生鲜产品入库前，对需要分类包装的产品制作 RFID 标签，使用 EPC（产品电子代码）实现统一编码，将生鲜产品的名称、数量、重量以及保质期等全部记录下来。在实际操作中，产品的出入库则通过读写器、红外线接收器等实现 RFID 标签的自动扫描，并能够将所获得的信息快速传输至后台库存管理系统，从而实现对库存的精准管理，提高对生鲜产品仓储的管理效率。

2. 运输管理阶段

运输速度、路线、产品性质以及运输环境等都会直接影响生鲜产品质量，物联网技术的运用，将进一步提高生鲜产品在运输过程中的监控，以提高运输效率。运输管理中的物联网应用主要是在运输车辆中植入传感器、通信设备等，与定位标签相结合实时监测车辆运行情况，也可对车厢内生鲜产品的状态予以观察。定位标签每隔一段时间将数据传输至数据库中，为企业、消费者等提供实时物流信息，而温度传感器将实时监测运输过程中车厢内温度的变化，以保持全程冷链状态。同时，物联网技术还可以规划线路，结合产品数量、消费者需求、交通状况等因素规划运输路线，以最优的方式将产品送至目的地。

3. 采购管理阶段

传统的生鲜采购过程需要在市场调研的基础上确定数量，该过程需要耗费大量的人力与物力，且最终所确定的采购方案也不一定是最优方案。物联网技术的融合，将读写器和电子标签等融入采购环节，通过物联网技术将产品采购与消费者需求相结合，以确保企业所采购的生鲜产品数量与售出的产品数量接近，避免供不应求或供过于求现象的产生，以提高生鲜产品采购管理的效率，从而降低生鲜产品的损耗。

（二）区块链技术

区块链技术将冷链产品的生产、检测、储存、运输、配送、销售等信息"上链"，解决各方的信任问题，并利用智能合约，自动完成上下游企业的交易，同时为消费者提供一个可靠的溯源平台。区块链技术在物流质量安全中的应用主要表现在以下几个方面。

1. 保障供应链上各个主体的互信水平

满足产品供应链信任安全体系的构建需求，低成本、高效率地解决现有溯源领域的信任难题。由于区块链技术的开放透明和系统可以通过算法相对自由和安全地交换数据，消费者、生产者和政府监管部门对食品溯源系统数据可以完全信任，食品溯源系统的普及率将大幅提高。

2. 去中心化架构实现数据保真

在区块链系统中，信息一经核验并存储至区块链，就会通过分布式节点永久保存，并且无法对单个客户端节点的数据进行修改。区块链可保证溯源系统的数据可靠性，避免数据在存储、传输和展示环节被内部管理人员或外部黑客篡改。

3. 耦合大数据应用和云计算技术，实现全流程可追溯

基于区块链的准确数据传递有利于解决现有溯源系统的信息孤岛问题，通过数据横向与纵向交互实现全程信息共享。在现有溯源系统上耦合区块链、大数据应用和云计算技术，构建全新的质量安全溯源服务平台，推进便捷、高效的数据可视化关联分析，将溯源信息化系统中的数据在计算机、手机等客户端以信息、图形的方式展现出来，实现全流程的可追溯。

（三）电子编码

2017 年，原国家质量监督检验检疫总局、国家标准化管理委员会发布的《防伪溯源编码技术条件》规定了用于通用多媒体数字信息核验的防伪溯源编码要求和数据规范。2021 年，深圳市市场监督管理局发布《进口冻品集中监管仓　追溯要求及追溯码编码规范》《进口冻品集中监管仓　参与方信息和产品信息规范》，用于进口冷冻集中监管仓以及相关进口冷冻食品安全追溯。

（四）大数据技术

大数据技术将对冷链物流的全过程进行智能的数据监测，包括将车辆位置及路径规划、车牌号、车内温度、产品数量、产品价格、产品质量检测信息等数据实时传输至大数据平台，实现数据的统一汇聚。

三、冷链食品追溯平台发展趋势

现阶段冷链食品追溯平台仍存在一定不足之处，如编码规范不统一、追溯对象信息采集管理复杂、包装二维码易受损、追溯系统兼容性差、标准体系不健全等问题，制约着冷链食品追溯产业的发展。消费升级激发了消费者对冷链食品追溯的迫切需求，受新冠肺炎疫情影响，政府加快了在冷链食品追溯方面的工作进展，技术创新将弥补冷链追溯体系建设上的不足，因此冷链食品追溯系统将持续优化。

（一）冷链物流标准体系进一步完善

标准体系的建立是落实冷链食品追溯平台的支撑和保障。未来北京市将会从追溯信息采集、数据对接、追溯防伪标准三方面进行标准体系完善。第一，在追溯信息采集方面，将收集的信息分为基本追溯信息和可选信息，其中基本追溯信息是必须记录的，可选信息由企业选择记录；第二，在数据对接方面，应建立数据交换标准，数据不规范、不统一，容易出现上传错误，导致数据不能及时上报，进而影响追溯系统充分发挥作用；第三，追溯防伪标准，2020年6月，中国防伪行业协会发布《区块链防伪追溯数据格式通用要求》团体标准，区块链的公开、公正、不可篡改功能保证产品基本信息和流通过程中的信息真实，在信息的传递与交换中起到监督作用。

（二）冷链物流动态信息采集技术将不断完善

追溯对象的动态信息采集是追溯平台构建的基础环节，能够及时掌握货物的物流信息和品质信息。冷链食品追溯对象采集以无线传感器网络（WSN）、无线射频识别技术、北斗定位系统、通用分组无线服务技术（GPRS）等物联网技术为基础，贯穿冷链加工、仓储、运输、销售四个环节，以实现全链条的可追溯化。借助新的科技手段，完善冷链物流动态信息采集技术，成为北京市冷链物流的发展方向。

（三）冷链物流信息平台安全技术将日益被重视

借助网络技术发展起来的物流信息技术，在享受网络飞速发展带来巨大好处的同时，也时刻面临着安全危机。应用安全防范技术，保障企业的冷链物流信息系统或追溯平台安全、稳定运行，将是冷链物流企业长期面临的一项重大挑战。

第五节　冷链消杀防控技术发展现状

当前，北京市新冠肺炎疫情防控取得明显成果，但是防控形势仍然严峻，尤其是进口冷链食品的安全风险不可忽视。食品冷链的消杀主要是对其包装、冷库及其他冷冻冷藏场所的环境及物体表面、设备、库内搬运工具、冷链食品的运输车辆、集装箱等进行消毒；所有从事与冷链食品相关的工作人员做好防护措施，包括身体及手卫生消毒等。

冷链物流的消杀对象特殊、消杀范围大且涉及全链条，因此消杀技术的发展极为关键。为保障冷链物流的安全发展，国家及北京市出台了一系列有关措施部署冷链食品外包装等消毒工作，冷链消杀防控技术和装备处于不断创新发展阶段。

一、冷链消杀防控技术指南

为保障冷链物流全流程的消杀防控，国家及北京市卫生健康委员会相继出台新冠肺炎病毒防控技术指南，对冷链物流的生产加工、装卸搬运、仓储、运输等各环节的消杀提出具体的要求，北京市具体技术指南如下。

《北京市商务局关于新冠肺炎常态化防控下加强食品冷链物流管理的通知》对运输、储存、销售等各环节操作提出具体防范要求，确保冷链物流规范化操作，保障冷链物流全流程规范化服务。

《新型冠状病毒感染的肺炎流行期间农贸市场消毒指引》对农贸市场的消毒范围、消毒对象等做出了明确规定，并详细规定了农贸市场相关物品的消杀方式。

《进口冷链食品防疫指引》明确了进口冷链食品经营者、经营单位、行业主管部门以及辖区政府部门四方的责任，提出要加强源头管控，落实冷链仓储、运输以及销售等环节的管控。同时，对冷链食品的储存及运输环节提出了确切的预防性消杀要求。

《果蔬防疫指引》对果蔬在配送、贮藏、运输以及售卖过程中的消杀防疫提出了具体的要求。

《冷链食品从业人员工作与居家个人防护指引（第一版）》旨在科学指导冷链食品生产、装卸、运输、储存和经营等环节的相关从业人员做好个人防护。

二、冷链消杀防控技术类别

综合当前国内外现有消毒技术，可以分为化学消毒法和物理消毒法两类，其中化学消毒法应用最为普遍。

（一）化学消毒法

（1）环氧乙烷：食品包装消毒具有安全性、经济性、便利性、可靠性等要求。环氧乙烷的毒性决定其不能用于食品消毒。

（2）二氧化氯喷雾：有关规范中推荐利用 500mg/L 浓度的二氧化氯消毒，但有研究发现其效果欠佳，该浓度在低温下可能因结冰无法发挥消毒作用。二氧化氯本身需要通过化学反应生成，如与其他防冻成分复配，未知因素难以控制，不能满足应急需求。

（3）季铵盐：季铵盐在低温下的消毒效果较差，常温下遇水易起泡，并不适宜单独作为食品外包装消毒剂使用，但是可以用于冷库表面消毒。

（4）酒精：酒精在低温下不结冰，但消毒效果降低，与其他消毒剂复配可以达到消毒效果。因浓度过高有爆炸风险，故不适宜大面积使用，也不适宜局部长期不间断喷雾消毒。

（5）过氧乙酸＋防冻成分：过氧乙酸与防冻成分协同可以达到消毒效果，但目前尚无系统评价，而且该方法使用成本偏高。

（二）物理消毒法

（1）臭氧气体消毒：臭氧气体可广泛应用于环境消毒，且在密闭的空间。其优点是能够在低温下进行消杀防控；缺点是气体不能通过堆积的食品对深层的食品外包装进行消毒，也不能对传送带上短时间通过的食品外包装进行消毒。

（2）过氧化氢熏蒸方式：该方式与臭氧气体消毒一样，不能对深层的食品外包装进行消毒，但是通过喷雾对传送带上的食品外包装进行消毒具有可行性。

（3）紫外线照射消毒：紫外线照射消毒被业界认为是值得研究的方法之一，目前市场上主要有紫外汞灯、紫外 LED 灯等方式，通过 200～275nm 波段的紫外光谱，可破坏微生物中的 DNA 或 RNA，能够有效杀死致病细菌和病毒。该方法优点是物理消毒，保证食品安全；设备体积小，操作简便、成本低；广谱高效。其缺点是低压紫外汞灯在 200nm 以下波段会产生臭氧；紫外线对人体有害，需与人体隔绝；低温下长时间工作的稳定性有待提高。

（4）等离子体消毒：等离子体消毒具有消毒时间短、没有明显的温升、能耗低等优点，适用于热敏性生鲜食品的冷链保鲜包装。其缺点是只能表面杀菌，具有方向性；需要高压电场设备，价格昂贵。

（5）辐照消毒：高能射线可引起蛋白出现变性，主要包括 X 射线、γ 射线、电子束等。该方法的优点是具有穿透性，无有害残留化学物质。其缺点是部分废料具有放射性；高能电子束和 X 射线的产生设备体积大，不便于移动；价格较高，单一设备均价达上百万元。

三、冷链消杀防控技术应用

新冠肺炎疫情的暴发，加大了冷链物流消杀防控的压力。冷链进出口食品的贸易加大了疫情传播的风险，因而，冷链物流的消杀防控措施对于切断国内传播源头具有重要的作用。在疫情防控的常态化之下，国务院印发《冷链食品生产经营过程新冠病毒防控消毒技术指南》，要求以喷洒消毒剂的方式，对集装箱内壁、货物外包装实施消毒。

在冷链消杀防控的实施上，北京市平谷马坊物流基地对国外进出口的冷链物品实行"四证四消"的防疫措施，"四证"即国外进口的冷链产品进入北京市内需要持有"产品通关证、检验检疫证明文件、核酸检测报告、消杀证明"四个证件。"四消"即对货物的四次消杀工作：货物进入北京市平谷马坊物流基地前进行第一次消杀，在冷库装卸口进行第二次消杀，卸车后在冷库内对货物外包装进行第三次消杀，最后在货物出库前往市场时进行第四次消杀。

在技术装备应用上，北京冬奥防疫中应用了福建省冷链物流新冠病毒消杀应急科研项目——紫外光催化复合消杀机，设计并制造了以核酸结构深度破坏为特征的综合消杀新工艺与新装置。该装备属于物理消杀产品，对人体健康和食品安全不产生影响。同时，性价比高，对单位体积的冷链产品消杀费用低于次氯酸消毒，设备一次投入可重复使用，但还未广泛应用于北京市冷链物流中。

然而，在防控压力不断加大的背景下，现阶段广泛应用的喷洒消毒剂的消杀技术并不能保障当前冷链物流的安全。在消杀技术方面，北京市当前多以喷洒消毒剂的方式对集装箱内壁、货物外包装实施消毒，该种方式的消杀不仅容易产生化学消毒剂残留、污染食品，而且因为冷链物流多处于低温状态，普通消毒剂在低温下消毒效果欠佳；在消杀效率方面，喷洒消毒剂的消杀过程多为人工操作，自动化程度低，对40英尺的集装箱进行消毒，往往需要4~8个小时，消杀效率低。近两年，由于冷链物流引发局部地区新冠肺炎疫情蔓延的事件频发，北京市冷链物流消杀防控技术亟待升级，以保障冷链物流的安全健康发展。

四、冷链消杀防控技术发展趋势

为防止新冠肺炎病毒的传播，相关企业及科研单位积极研发创新适用于现阶段冷链物流发展的消杀防控技术，冷链消杀防控技术将日趋完备。

（一）冷链消杀防控技术自动化

目前冷链消杀几乎都依靠人工作业完成消毒灭菌，需要投入大量人力资源成本，也带来更大的污染和传染风险。疫情下应用场景增多，需要推动技术方面的改革，如引进自动化喷洒消杀的设备。运用自动化设备进行消杀作业，不仅能无死角消毒，极大提高了防控效果和效率，弥补了疫情防控工作中人手不足的问题，还能有效减少人员聚集，提高防疫水平。

针对冷链物流环节的消杀，华南新海（深圳）科技股份有限公司推出了新型冷链隧道式全方位自动消杀系统（ISD1600）。该系统采用了"自动六面喷淋消杀技术"，可以对冷链商品、包装盒、电商快件、托运行李等进行快速无死角消毒，符合《冷链食品生产经营过程新冠病毒防控消毒技术指南》等相关规范的要求，其消杀设备以及消杀效果受到天津市口岸非传统安全风险防控科学与技术重点实验室天津海关工业产品安全技术中心的认可与高度评价。

广州泰道安环保科技有限公司在2021年12月推出低温货物自动消杀系统——安镖QA-201全方位通道式低温冷链货物消杀设备。该设备通过对喷液量、角度、传输速度进行调节，可对病毒、细菌等不同微生物进行消杀；通过微粒分子把消毒液均匀附着在包装表面形成雾化消杀层，包括不同包装材质的光滑外表面、粗糙外表面及皱褶部分。设备具有一键启动、废液回收、操作简易等优点。该系统整体结构采用模块化设计理念，可以灵活应用在不同场所，支持短距离移动，可与现有物流输送系统对接，满足不同消杀物品的输送方式。

（二）冷链消杀防控技术物理化

冷链物流的消杀对象大部分为食品和药品，食品和药品对安全性的要求极高，化学消杀技术多采用各种化学试剂对食品和药品的包装等进行喷洒式消毒，容易产生化学试剂残留，污染其消杀对象，因而要加快推广冷链消杀防控技术物理化，推进冷链物流的安全健康发展。

冰轮环境技术股份有限公司与中科院理化技术研究所联合研制了冷链食品高效无残

留杀菌消毒装备，采用的是高强紫外线的消杀方式。相比于常见的紫外灯，高强紫外线将辐照强度提高几个数量级，并且不使用任何化学药品，仅耗少量电能产生 C 波段紫外线，就可以实现杀灭物体表面或者空气中的细菌和病毒的目的。该装备由灯架调距装置、散热控温系统、紫外防护装置、滚筒输送系统、高强度紫外灯、包装箱摆正装置等组成。货品经滚动输送系统进入紫外防护装置中，通过包装箱摆正装置将包装箱进行摆正，包装箱继续经过高强度紫外灯区，经均匀照射后完成消杀。

第四章

北京市冷链物流业态模式分析

第一节　果蔬冷链物流发展现状及业态模式分析

一、北京市果蔬供需结构现状

北京市蔬菜产量由 2010 年的 303 万吨下降到 2019 年的 112 万吨，相比于 2010 年下降了 63％，其中，2010—2019 年蔬菜产量下降速度较快，从 2019 年起蔬菜产量缓慢回升（见图 4－1）。

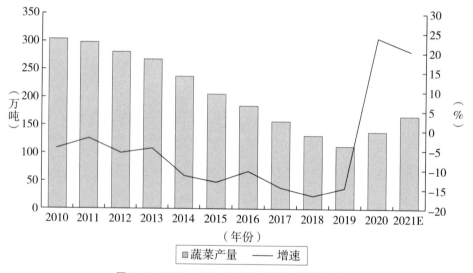

图 4－1　2010—2021 年北京市蔬菜产量及增速

北京市果蔬类农产品产量远远低于交易量，并且二者呈现相反的变化趋势。由于土地资源、水资源等多方面条件的制约，北京市果蔬类农产品种植面积呈递减趋势。与此同时，伴随着以大城市为中心、中小城市为骨干、小城镇为基础的多层次城镇体系的建立，在城市外围建立蔬菜、水果、肉类等农产品生产基地的发展布局初步形成。再加上北京市常住人口不断增加，意味着要保障北京市常住人口对上述农产品的需求，就必须依靠大量的进口，从而加大了对冷链物流服务的需求。

新冠肺炎疫情以来，北京商超上架各式预制菜，各式预制菜可以满足消费者对不同口味的需求，多数预制菜以冷冻方式储存，买回家解冻加热即可食用，此外也有一些切好的蔬菜半成品以冷藏方式存放，并配好料汁。2021 年"五一"期间，北京市预制菜销量为假期前的 4 倍、预制菜备货量为平时的 2 倍，未来随着需求的增长，备货量还会持续增加。

二、北京市果蔬流通模式分析

从生产者到消费者，农户所生产的果蔬类农产品一般通过加工企业、产地批发市场、代理商、公司或协会等渠道，分别进入以销地批发市场为核心的分销网络和以配送中心为核心的配送网络，最终通过分销商（零售商、超市等）到达消费者手中（见图 4 - 2）。我国果品总产量一直稳居世界第一，果品产业已成为继粮食、蔬菜之后的第三大农业种植产业，也是许多地方经济发展的亮点和农民致富的支柱产业之一。2021 年我国的水果产量达到 2.96 亿吨，播种面积 1296 万公顷，产销总体基本平稳。人口的增加和城镇化水平的提高，推动了水果直接消费量的增加。2021 年销量前十位的水果品种为西瓜、苹果、葡萄、柑橘、香蕉、猕猴桃、梨、桃、菠萝、杧果[①]。

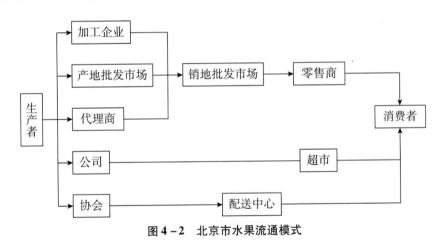

图 4 - 2　北京市水果流通模式

我国果蔬类农产品流通渠道以批发市场为主，终端销售渠道以农贸市场为主，超市连锁经营销售占比不足 30%。在流通加工环节中，我国果蔬类农产品物流成本占总成本的比重远高于发达国家，大大降低了供应链各环节商户和企业的利润，此外，我国果蔬类农产品物流环节损耗率高达 25%，而发达国家能够将损耗率控制在 3%，说明我国冷链运输技术应用不够充分，冷链物流仍有很大的发展空间（见表 4 - 1 和表 4 - 2）。从最终产品上分析，我国果蔬类农产品加工比例仅为 10%、加工增值率仅为 1:1.8，而在发达

---

①　根据全国城市农贸中心联合会数据统计。

国家，果蔬类农产品加工比例高达80%，加工增值率为1:4，因此流通加工环节仍具有很大的优化提升空间。

表4-1 　　　　　　　我国果蔬类农产品流通与美国、日本相比

项目	美国	日本	中国
主要流通渠道	配送中心	批发市场	批发市场
终端销售渠道	超市、食品商店	超市、食品商店	农贸市场
日循环次数（次）	3	3	2
主要流通形式	全程配套	低温保鲜	常温、自然

表4-2 　　　　　　我国果蔬类农产品流通加工环节与发达国家相比

地区	物流成本占总成本的比重（%）	物流环节损耗率（%）	加工比例（%）	加工增值率	超市连锁经营销售占比（%）
发达国家	10	3	80	1:4	85
中国	60	25	10	1:1.8	<30

资料来源：《北京统计年鉴2021》。

从企业角度出发，2011—2021年新鲜蔬菜和新鲜水果总销量基本呈现稳定上升趋势。由此可见，随着消费水平的提高、市场秩序的调整，未来新鲜蔬菜和新鲜水果零售量仍将持续上升。2011—2021年北京市限额以上新鲜蔬菜产销量统计如图4-3所示。

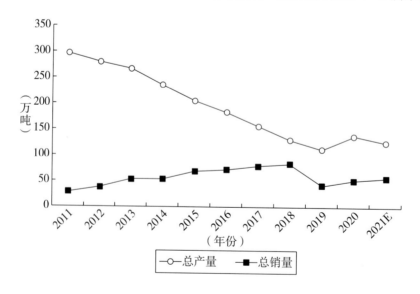

图4-3　2011—2021年北京市限额以上新鲜蔬菜产销量统计

资料来源：《北京统计年鉴2021》。

目前，北京市蔬菜消费量中90%靠外埠供应。北京市蔬菜在批发市场的成交量从2013年的562万吨增加到2018年的1104万吨，增长96.4%，年均增长14.5%。由于成本的关系，蔬菜在运输过程中基本上不使用冷藏车，只有部分价值高的特种蔬菜在夏季

运输时为了减少损失，使用冰袋、冰壶（塑料瓶装冰）来达到降温保鲜的目的，冬季则通过加盖棉被防止蔬菜受冻。果品的冷链物流系统情况比蔬菜要稍好一些。北京市果品在批发市场的成交量从 2013 年的 281 万吨增加到 2018 年的 619 万吨，增长 120%，年均增长 17.0%。北京市果品有 40% ~ 50% 能够做到冷藏储存和冷藏运输，但在销售环节，由于成本的原因，90% 以上的水果在常温下销售，只有极少量的进口水果能够做到全程冷链。

2021 年，北京市拥有新发地农产品批发市场、岳各庄批发市场、朝阳大洋路综合市场、顺鑫石门农产品批发市场、昌平水屯农副产品批发市场和锦绣大地玉泉路粮油市场等重要农产品批发市场。其中，新发地农产品批发市场承担着北京市 70% 的蔬菜供应。由于五环以内交通限制等原因，北京市大型农产品批发市场大部分分布在五环以外，农产品由外埠农户运往大型农产品批发市场，再通过批发市场向市内各超市和小型批发市场转销。

干鲜果品市场相对蔬菜市场来说较为集中，且从 2012 年开始市场数量一直稳定在 3 个，成交额基本呈现波动式上升趋势，2014 年达 15.8 亿元；蔬菜市场则较为分散，市场数量控制在 16 个左右，后来受国家政策影响，蔬菜市场数量逐渐减少，到 2020 年全市共有 13 个蔬菜市场，且成交额与市场数量基本呈正相关。2016—2021 年北京市果蔬市场交易情况如表 4 - 3 所示。

表 4 - 3　　　　　　　　　2016—2021 年北京市果蔬市场交易情况

年份	市场数量（个）		成交额（亿元）	
	干鲜果品	蔬菜	干鲜果品	蔬菜
2016	3	16	16.3	227.9
2017	3	15	15.6	220.7
2018	2	15	16.0	225.2
2019	2	16	9.5	230.9
2020	2	13	10.4	221.2
2021E	2	13	11.3	223.5

资料来源：《北京统计年鉴 2021》。

果蔬冷链物流作为一项复杂的系统性工程，其采摘、加工、运输、储存等各环节都需要紧密结合，忽视了任何一方都会影响其发展，要统筹兼顾、全面发展。

果蔬保鲜技术主要为低温和冷藏技术，低温能够降低果蔬的呼吸作用，从而达到延长果蔬保鲜期的效果。冷链物流对于果蔬保鲜起着至关重要的作用。由于缺乏相应的法律法规的约束作用，所以在法规建设方面，要全面贯彻《中华人民共和国农产品质量安全法》《中华人民共和国食品安全法》，在食品安全质量的基础上加大技术创新。在制定技术标准方面，结合外国先进冷藏保温技术，使我国果蔬冷链达到国际标准。

在法律法规健全的基础上，应该更加重视北京市因缺乏相应的冷藏设备和先进技术，使大量果蔬因为储存条件受到限制而产生浪费的现象，政府应加大对果蔬冷藏基础设施设备投资建设，包括冷库建设和冷藏运输车辆生产。在技术方面，加大对保鲜技术开发的资金投入，推动先进技术改革和创新，对传统冷链企业进行新技术、新知识的普及和传播，以更好地服务于果蔬冷链物流行业。

三、北京新发地农产品批发市场案例分析

北京新发地农产品批发市场（以下简称"新发地市场"）成立于1988年，经过30多年的建设和发展，现已成为北京市交易规模最大的农产品专业批发市场，在全国同类市场中也具有很大的影响力。市场现有占地面积1680亩、总建筑面积21万平方米、管理人员1700多名，总资产达40.6亿元，是一处以蔬菜、果品、肉类批发为龙头的国家级农产品批发市场。现有固定摊位5526个、定点客户8000多家，日均车流量3万多辆（次）、客流量5万多人（次）。高峰期日吞吐蔬菜近1200万公斤、果品近1500万公斤。

2021年年末，新发地市场打造的蔬菜供应格局，由北京的大棚蔬菜、冬储菜、每日进京的南方菜三部分组成，三条"主动脉"输送渠道形成稳定有效的储备供应方案，以不变应万变，极大降低了供应风险。经过疫情的考验和多年经验累积，新发地市场具有稳定的蔬菜供应格局。在此基础上，为进一步扩大蔬菜供应量、优化供应结构，新发地市场将向消费端延伸，探索新的供应模式。新发地市场在部分地区尝试探索城市社区化服务，以"市场＋社区便民店＋直通车"的模式，辐射和覆盖了987个小区的日常果蔬的供应。新发地市场通过社区供应通道，实现了将蔬菜直接运输到居民"家门口"。同时，新发地市场发挥平台和集散功能，鼓励各大经营商户发展社区化的鲜活农产品超市、生鲜店、社区便民店。

供应离不开生产，要从生产端解决供应问题，新发地市场近年来持续建设农产品上游供应链，利用平台效应发动市场的经营者走向田间地头，积极推动种植大户建设种植示范园，帮助北京及各地方农村调整农业结构，增加标准化种植规模。在市场的统一帮助下，新发地市场的经济效益更高了。新发地市场的育苗中心不仅提供优质种苗，还会派出专家指导农户正确种植，帮助农户提高市场竞争力。新发地市场成功联通了农户、经营者与消费者。通过打造种植园的形式，保证市场供应品类齐全，提高农产品供应的可控率，同时带动了广大地区农户致富，为种植出的农产品打开了消费者市场，深入终端市场，形成"共赢"局面。

从保供系统来看，新发地市场为城市蔬菜保供主力军之一，以货源、物流、储存三方面为抓手，通过本地供应、仓库储存、"南菜北运"三条通道保证了首都及其周边各地的供应稳定，以灵活的反应机制保证每条通道畅行无阻，既让政府放心，又让消费者安心。

第二节　肉类冷链物流发展现状及业态模式分析

从1990年开始，我国肉类总产量已经连续30多年稳居世界第一，肉类产量整体呈上升趋势，超过了世界人均肉类消费水平，但是还没有达到世界发达国家的肉类消费水平。随着经济的发展和收入的增加，居民的肉类消费还将继续增加，且逐渐选择价格较高的

牛羊肉，肉类结构持续优化，消费者对于肉类的选择将会继续推动产业均衡发展。

2017 年，猪肉产量 5452 万吨，牛肉产量 635 万吨，羊肉产量 471 万吨。牛肉和羊肉产量在 2017—2021 年均稳定增长（见图 4 - 4）。

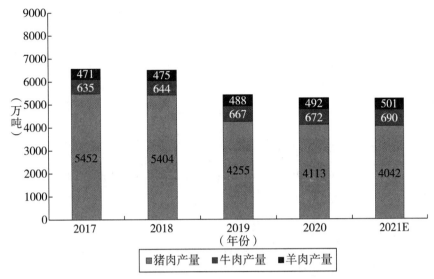

图 4 - 4　2017—2021 年猪肉、牛肉和羊肉产量

资料来源：《中国统计年鉴 2021》。

一、北京市肉类供需结构现状

2018 年北京市肉类农产品产量相较于 2014 年有所下降（见图 4 - 5）。2010—2021 年北京市肉类农产品产量呈下降趋势，2018 年肉类农产品产量为 17.5 万吨，比 2010 年下降了 34.9%，主要原因是北京市关闭不合格屠宰厂措施的执行，以及外埠符合品质要求的肉类农产品的进入。2020 年北京市猪肉产量占肉类农产品总产量的比重最高，达到 61%，牛肉、羊肉产量分别占肉类农产品总产量的 4% 和 3%，这种比例构成与我国消费结构有关（见图 4 - 6）。

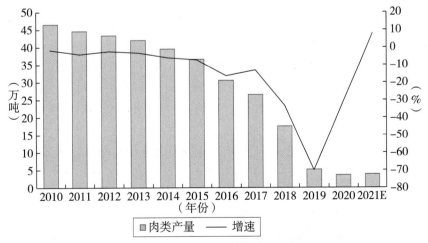

图 4 - 5　2010—2021 年北京市肉类产量及增速

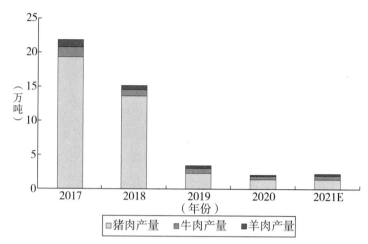

图 4 - 6　2017—2021 年北京市猪肉、牛肉和羊肉产量

资料来源：《北京统计年鉴 2021》。

随着北京市居民消费水平的不断提高，猪肉、牛肉、羊肉的交易量均呈现不同程度的上升趋势，反映出北京市肉类农产品的消费量在不断攀升。其中，猪肉在肉类农产品交易总量中占有绝对优势，并且从 2010—2012 年交易量明显增加，2012 年达 45.6 万吨。与此不同的是，牛肉、羊肉交易量总体均呈现平缓上升态势。2012 年猪肉、牛肉、羊肉交易量均出现大幅上升，牛肉、羊肉交易量甚至达到峰值。出现该现象的原因有两方面：一方面，由于禽流感对禽肉市场造成的冲击，导致消费者转向畜肉市场；另一方面，受 2012 年猪肉价格走低的影响，羊肉交易量出现较大的增幅。但 2012—2021 年猪肉价格的上涨使猪肉交易量大幅度下跌，并因此影响了羊肉、牛肉的交易量，牛羊肉交易量因猪肉价格的上涨而持续上升。

进出口肉类农产品占比较小，降低了长距离冷链物流的需求，我国进出口肉类农产品较少，以自产自销为主，在一定程度上限制了长距离冷链物流的需求。2020 年我国猪肉、牛肉、羊肉总产量为 5277 万吨，其中猪肉产量为 4113 万吨。2021 年猪肉进口量为 371 万吨，同比减少 15.5%。2021 年牛肉进口量为 233 万吨，同比增加 10.1%；羊肉进口量为 41 万吨，同比增加 12.5%。总体而言，我国肉类农产品进出口量较小，因此冷链物流需求特别是跨境冷链物流需求较小。消费者对"热鲜肉"①的偏好降低了冷链物流的需求，偏好"热鲜肉"的习惯限制了冷链物流的发展。中国在小农经济背景下，养殖户非常分散，这在一定程度上促成了中国人食用"热鲜肉"的习惯；此外，消费者对于"冷鲜肉"口感的抗拒，以及对其价格的敏感性也在一定程度上限制了"冷鲜肉"的消费需求。供给方则因为高成本没有动力生产"冷鲜肉"。综合需求和供给两方面特点，我国猪肉市场以"热鲜肉"为主体，在一定程度上降低了冷链物流的需求。

2020 年我国猪牛羊禽肉产量 7639 万吨。进口的肉及周边制品为 832.74 万吨，占我国猪牛羊禽肉产量的 10.9%，成为消费者餐桌上的重要组成部分。国内多起疫情源于进口冷链食品，如进口冷冻猪头、进口冷冻鳕鱼、进口冷冻三文鱼等。目前北京市对于进

---

① 畜禽宰杀后不经冷却加工，直接上市的畜禽肉。

口冷链食品的监管要求是需要提供"四证"。

2021 年，全国 28 个省份已建成 869 个集中监管仓。设立集中监管仓，既能前移风险排查关口，又能有效阻断进口冷链食品疫情传播风险。在进口冷链食品"物防"工作实践中，集中监管仓在快速排查检出阳性事件、切断潜在疫情传播渠道、提升问题冻品应急处置效率、节约处置成本等方面发挥了重要作用。推动进口冷链食品集中监管仓信息化管理，建立集中监管仓主体信息和出入仓进口冷链食品追溯信息电子档案，动态更新数据，开展网络巡查，及时风险预警，形成责任闭环。目前北京市还没有集中监管仓，建立进口冷链食品集中监管机制、推进集中监管仓建设，对防控和阻断进口冷链食品疫情传播风险、保障消费者的身体健康安全具有重要作用。

二、北京市肉类流通模式分析

我国生猪来源主要有以下几个途径：一是生猪经纪人直接从农户、专业养殖户手中收购，然后销售给定点屠宰企业，他们之间通常有固定的交易关系；二是定点屠宰企业建立自己的生产基地，可以由定点屠宰企业为专业养殖户提供仔猪、饲料配方及防疫、管理技术等专业指导，专业养殖户饲养生猪，然后销售给定点屠宰企业，两者之间建立合作关系；三是定点屠宰企业与当地规模化养殖场建立固定的交易关系，交易数量根据定点屠宰企业销售形势协商确定，交易价格随行就市。

北京市生猪主要由农户、专业养殖户和规模化养殖场提供，并交由经纪人联系生产基地和定点屠宰企业进行加工，将生猪加工成白条猪、冷冻猪肉或分割猪肉，并根据零售需求将猪肉产品进行深加工或分发至批发市场、集贸市场、猪肉专营店和超市进行销售。一是批发市场，包括本地和外地批发市场，定点屠宰企业在批发市场设立自己的批发摊位或者设置批发门店，由批发商上门采购。二是集贸市场，集贸市场摊贩直接到定点屠宰企业的批发网点采购猪肉，然后销售给终端消费者。三是猪肉专营店，由定点屠宰企业出资或者定点屠宰企业和销售店主合作设立销售门店或专卖店，并在门店上标明自己厂家的品牌。四是超市，企业在超市的肉类销售区设置自己的销售专柜，由定点屠宰企业每天进行配送，相对专营店而言，超市的销量较大且价格较高。

肉禽的供应主要来源于河北省。其中猪肉较为特别，因为生猪的屠宰都在北京市定点进行，从批发市场统计来源有一定的困难。从全国来看，生猪的主产地集中在四川、山东、河北、河南等省份，生猪价格基本不存在局部变化特征，周期性较长。牛肉主要来自河北省，羊肉来自河北、内蒙古、东北三省，鸡肉也主要依靠河北省的供应。猪肉的消费群体主要包括以下两类：一类是家庭消费群体，一般具有不定期、小批量的采购特点；另一类是集团消费群体，主要是当地的机关单位、学校、工厂等消费量较大的团体，集团消费群体一般直接到定点屠宰企业批发猪肉。

随着季节转变，农产品的来源地及比例均会产生一定的变化，但总的趋势不变。北京市蔬菜、肉禽和淡水鱼价格的形成很大程度上受产地市场的影响，在价格传导过程中供应环节的影响更大。北京市作为全国最大的销地市场之一，同时也是农产品流通的主要集散地，其辐射的范围在逐渐扩大，价格形成和影响功能凸显。国务院发布《生猪屠宰管理条例》后，北京市对当时的 220 个生猪屠宰厂重新认定，确定了 67 个生猪定点屠宰厂。2002—2005 年，按照分步实施、平稳过渡的要求，采取先近郊、后远郊，先建新厂、后关闭小屠宰厂的步骤，先后建成、改造了资源亚太、顺鑫鹏程、千喜鹤等 5 家大中型生猪定点屠宰厂，关闭了 49 家工艺不达标和不符合规划的小型生猪定点屠宰厂。2014 年，保留的 14 家定点屠宰企业都建有稳定的生猪货源基地，配备了生猪屠宰前"瘦肉精"检测和无害化处理设施，其中 6 家达到欧美发达国家水平的大型现代化定点屠宰企业生产的猪肉产品覆盖了全市 80% 以上的市场份额。

北京市生猪定点屠宰企业处于供应链中直接与生产者接触的环节，这些企业基本分布在五环以外，其原因主要是方便与北京市周边区县的农户直接接触，便于采购和流通加工。此外，占地面积大和屠宰过程中产生污染也是其地理分布的主要影响因素（见表 4 - 4）。

表 4 - 4 北京市部分生猪定调企业及其分布

序号	所在区县	企业名称
1	石景山区	北京市西黄村牧业食品有限公司
2	顺义区	北京顺鑫农业股份有限公司鹏程食品分公司
3		北京市郎中屠宰厂
4	昌平区	北京市第五肉类联合加工厂
5	通州区	北京二商大红门肉类食品有限公司
6	平谷区	北京千喜鹤食品有限公司
7	怀柔区	北京市怀柔区肉类联合加工厂
8	大兴区	北京资源亚太食品有限公司
9		北京中瑞食品有限公司
10	房山区	北京燕都食品有限公司
11	密云区	北京宇航肉联加工有限公司
12	延庆区	北京华都阳光食品有限责任公司

资料来源：天眼查。

北京市肉类产业要全面落实国家产业政策，科学规划屠宰产业布局，按照加快推进生猪屠宰标准化示范创建的原则，形成屠宰与养殖相匹配、屠宰与消费相适应的产业布局，实现变调运生猪为调运猪肉及其产品和点对点相对稳定的产销外调新模式，以顺应我国当前疫情常态化防控特点，推动市场从活畜禽运输向肉品运输转变，利好屠宰产能大、布局广且冷链运输能力强的大型屠宰企业，进一步提高屠宰行业集中度。

随着消费能力提升和健康饮食观念的更迭，北京市居民肉制品消费结构逐渐发生变化，高温肉制品市场份额逐步降低，具有更高营养价值的低温肉制品市场份额稳步升高，市场充分表现出对低温肉制品的青睐。低温肉制品的发展对配套的全程冷链物流系统和品质调控等技术提出了严格要求。

加快冷鲜肉制品流通和配送体系建设，尽快实现"集中屠宰、品牌经营、冷链流通、冷鲜上市"。与此同时，在互联网等新兴经济影响、新的商业模式不断涌现的市场环境下，电商平台给传统的生鲜食品流通产业链注入了新的活力，生鲜电商是冷链物流不可忽视的重要市场。在此背景下，北京市构建"从工厂到餐桌"一体化全程冷链物流技术和标准体系，实现冷链保障常态化。

第三节　水产品冷链物流发展现状及业态模式分析

一、北京市水产品供需结构现状

北京市水产品在批发市场的成交量从 2013 年的 22.6 万吨增加到 2018 年的 51.5 万吨，增长 128%。由于水产品的特殊性，需要较好的冷链体系作保证，但在销售过程中，不同卖场冷链的保持情况不完全一样。超市和大卖场由于冷冻冷藏设备设施比较齐全，水产品能够做到低温销售；而在批发市场和社区菜市场，普遍都存在水产品交易方式落后、交易信息不透明、场地缺乏规划、基础设施落后、交易后产品出现回化等现象。2010—2021 年北京市水产品产量及增速如图 4-7 所示。

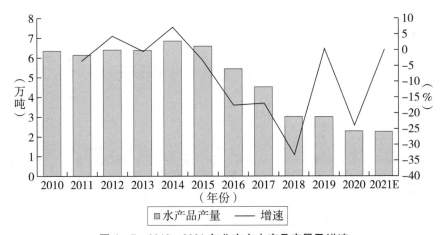

图 4-7　2010—2021 年北京市水产品产量及增速

资料来源：《北京统计年鉴 2021》。

近年来，我国水产养殖产量逐年增加，国内活鱼运输市场庞大。但由于时空差异、保活技术工艺、运输装备欠缺、智能信息化落后、供应链管理不协调等原因，导致南鱼北调、北鱼南运、海鱼运输难等问题，大大限制了水产品活体销售市场的发展。

目前，活鱼运输的主要方式仍然是有水运输，但由于活鱼运输过程中需要携载大量水，成本较高，同时在路途中，水箱中的鱼互相碰撞，到目的地后成活率不高。为了提高成活率、降低成本，有些不良商家为谋取最大利益，采用化学麻醉药先对鱼体进行麻醉后运输，但该方法存在安全隐患，会对人体健康产生严重威胁。而活鱼无水运输就能有效解决以上的问题。20 世纪 90 年代，活鱼无水运输技术就出现了，山东的黄海所进行过水产品的无水运输技术探索，韩国、日本、美国等国家也进行过该项技术研究，但在很长一段时间内这项技术都没有很大的突破。韩国、日本、美国等国的保活时间最多能达到 20 个小时，而我国国家农产品现代物流工程技术研究中心将保活时间延长到了 72 个小时，足够将山东的鱼从青岛运输到北京。

二、北京市水产品流通模式分析

随着居民消费水平的不断提高，预计水产品冷链市场规模将会持续扩大，其中仍将以冷冻水产品为主。我国水产品生产和冷冻加工区域主要集中在山东、辽宁、浙江、福建和广东等地，北京市作为内陆城市，随着水产品消费需求的增加，必将依赖其周边地区的水产品生产基地，因此对冷链物流提出了更高的要求。水产品批发市场是北京市水产品流通的主体。北京市基本形成了以批发市场为主体，以加工、配送、零售为核心的市场交易体系。目前北京市拥有数家专业水产品批发市场，使分散的水产品产区与城市市场之间建立了比较稳固的产销关系，促进了各类流通组织的建立和发展，提高了市场信息的传播效率，降低了水产品流通成本。北京市有80%左右的淡水水产品是经由批发市场进入零售和消费领域的。近几年来，北京市水产品流通渠道开始出现专业水产品代理商、经纪人，他们利用与产地长期合作的优势，从产地收购水产品，并在产地进行初加工，逐步推进水产品的质量化、规格化、包装化。他们通过批发市场再分销至二级批发商或零售商，形成了一种新型流通渠道，北京市水产品流通渠道如图4-8所示。

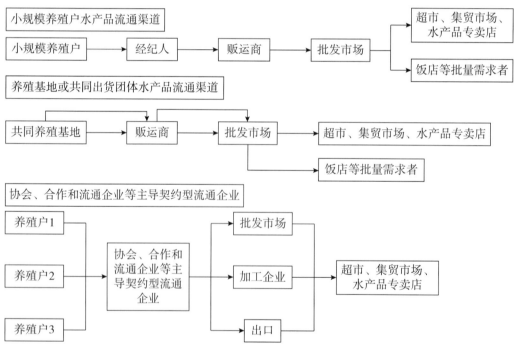

图4-8 北京市水产品流通渠道

随着互联网及电商平台的高速发展和日益成熟，水产品网销因其形式多样、购买便捷、价格透明、选择性大及良好的售后服务得到越来越多消费者认可，但由于销售水产品要注重新鲜度，主要交易模式还是线下交易。疫情发生后，批发市场、餐饮机构纷纷停业，水产品网购成了主渠道，线上销售订单暴增。京深海鲜严格落实《新型冠状病毒流行期间商场、超市疫情防控指引》，全力以赴做好北京市各大商超、批发市场的水产品供应保障工作。水产品网销结合其他经营方式的模式有利于规避风险、提高收益。

水产品因其优质蛋白含量高、易被人体消化吸收而在居民饮食结构中处于较重要的位置。但由于水产品中水分和活性酶含量较高，容易在流通过程中变质，影响口感甚至出现食品安全问题。而疫情放大了鲜活水产品不易保鲜和贮藏的缺陷，北京市各大平台冰鲜鱼、鱼排、鱼片、鱼柳等加工品销量大幅上升。另外，很多不会处理水产品的群体，更偏好半成品，使得水产加工品越来越受青睐。水产品经过加工后，酶的活性和微生物的生长都被抑制，保质期大大延长，更重要的是鱼肉品质不会下降，营养基本不流失，更符合现代消费者的需求。

三、北京水产集团有限公司案例分析

北京水产集团有限公司（以下简称北京水产）是北京水产行业的领军企业，现已形成远洋捕捞、水产品加工、专业市场经营和物流配送四大主业板块。北京水产积极推进水产主业产业化发展战略，大力培育主导产业的经营规模和竞争优势，立足于国际、国内两个市场，积极利用两种资源，为提供和改善首都水产品市场供应体系，保障食品安全，建设"人文北京、科技北京、绿色北京"作出了突出贡献。

北京水产的四大主业板块都有专门公司负责。烟台京远渔业有限公司主要承担远洋渔业，以金枪鱼延绳钓、鱿鱼钓、定置网捕捞为主，拥有远洋渔船10艘，分别在太平洋、大西洋、印度洋等海域作业，年捕捞量20000多吨，主要渔获为金枪鱼、鱿鱼、带鱼、黄鱼、鲳鱼等高品质无污染水产品。北京北水食品工业有限公司主要承担水产品加工，集水产食品加工、休闲渔业、生态设施渔业于一体。占地面积3.3万平方米，冷库1300吨，生产车间3000平方米，拥有水产品加工、观赏鱼饲料两条生产线。公司已通过 HACCP、ISO9001 和 QS 三大体系认证。北水嘉伦水产品市场主要承担专业市场经营，是"三北"地区规模大、功能全、档次高的专业化水产品交易市场，总投资3.75亿元，占地面积9万平方米，设有500余家相对独立的商铺，服务设施齐备。中国渔业协会远洋渔业分会授予市场"中国远洋渔业产品推广示范基地"挂牌资质。北京万泉凯达食品有限公司主要承担物流配送，集水产品冷藏加工、物流配送、终端销售于一体，在沃尔玛、华堂、美廉美、华普、国泰等50余家大型连锁超市开设"北水牌、海豚牌"水产自营区。

2020年，北京水产14艘远洋渔船未发生船员感染新冠肺炎的情况，8艘大洋性渔船在海上正常生产，累计捕捞阿根廷鱿鱼、秘鲁鱿鱼、金枪鱼等共1270余吨。北京水产是北京市唯一集远洋捕捞、水产专业市场、水产品加工和物流配送于一体的国有大型专业化企业。为加强远洋渔船疫情防控，北京水产第一时间启动相关工作，确保防疫生产"两手抓、两不误"。

第四节　医药冷链物流发展现状及业态模式分析

一、北京市医药物流现状分析

（一）市场规模持续增长

北京市医药流通市场销售总额持续增长，从2010年的689亿元上升至2020年的1867

亿元，同比增长171%。2010—2021年京津冀医药流通市场销售总额总体上呈现增长趋势（见图4-9）。北京市医药流通市场销售总额稳步增长，在京津冀地区销售总额中，总体上北京市所占比重越来越大。

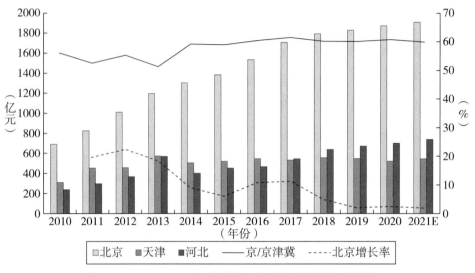

图4-9　2010—2021年京津冀医药流通市场销售总额情况

按销售品类划分，医药可以分为西药类、中成药类、中药材类、化学试剂类、玻璃仪器类、医疗器械和其他类，其中，西药类销售居主导地位。2010—2021年北京市中成药类、中药材类、医疗器械类医药销售总额情况中（见图4-10），中成药类医药销售总额增长率在7%以上，而中药材类和医疗器械类医药销售总额增长波动较大。

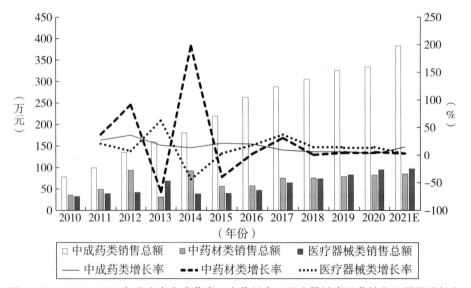

图4-10　2010—2021年北京市中成药类、中药材类、医疗器械类医药销售总额及增长率

人均医疗保健消费支出持续增长。2015—2021年北京市居民家庭人均医疗保健消费支出数据显示，北京市居民家庭人均医疗保健消费支出总体保持增长趋势，从2015年的

2229 元增长至 2021 年的 4285 元（见图 4-11）。北京市居民人均收入的不断增长，消费升级影响医疗保健需求提升。居民的医疗保健意识逐步增强，消费者对于更高层次的医疗保健需求也将逐渐增长，这势必导致医疗消费支出的增加。

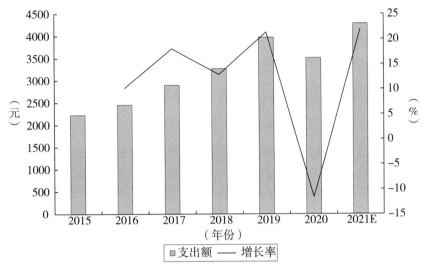

图 4-11　2015—2021 年北京市居民家庭人均医疗保健消费支出及增长率

资料来源：《北京统计年鉴 2021》。

（二）医药园区聚集效应逐渐显现

医药行业具有高风险、高投入、高技术、周期长等特点，决定了其聚集化发展的优势；通过以园区的形式聚集，可帮助医药企业快速获取人才、资本、研发和企业资源，从而促进其成长。因此，医药园区正逐步成为医药产业发展的重要依托。

2021 年，中国生物医药产业园区综合竞争力前 50 强中，北京市仅中关村国家自主创新示范区入榜，位居榜二[①]。

2020 年 7 月 29 日，中关村国家自主创新示范区大兴生物医药产业基地全面启动了扩区规划。计划将在现有 13.4 平方公里的医药产业核心区基础上，再扩大 9.1 平方公里，与周边区域形成联动，组团发展，重点发展创新产业和具有高附加值的生物药械产业。根据扩区规划图显示，基地将向南扩 3.6 平方公里，作为医药企业高端智造区；向北扩 5.5 平方公里作为科技研发及成果转化区。此外，京南物流基地和东南工业区共计 6.7 平方公里也将纳入政策区范围，作为医药产业延展片区。

2021 年上半年，大兴生物医药产业基地规模以上企业完成工业产值 875.3 亿元，同比增长 802%，占全市生物医药产业总产值的 41.7%。预计基地将在 2025 年建设成为集"研、产、商、展、疗"于一体的健康新城，打造成国际知名的千亿级生物医药产业创新集群，变身国内领军的"中国药谷"。作为国家级医药健康专业园区，基地已入驻 3000 多家企业，包括世界 500 强费森尤斯卡比、同仁堂、协和等一批国内外龙头医药企业，基

---

① 中国生物技术发展中心，2021 年中国生物医药产业园区综合竞争力前 50 强榜单。

地入驻企业申报专利已超过 2000 件，国际化水平和影响力正在快速提升。2021 年上半年，规模以上企业上缴税收 40.9 亿元，同比增长 304%，基地入驻企业的固定资产投资涨了四倍多。

天竺综合保税区是全国重要的医药进口口岸，2019 年园区医药进口规模占全国的 20%，2018 年进口疫苗占到全国总量的 95% 以上，成为全国疫苗主要进口口岸。中国国际服务贸易交易会期间，天竺综合保税区内医药健康、消费升级等领域的重点企业与国内外企业签署了 10 项合作协议，签约金额 77.26 亿元。其中，医药健康类项目签约金额 73 亿元，占签约总额的 94.5%。未来天竺综合保税区将着力发展医药健康，探索引进国际合作医疗服务机构，带动药品及器械产业发展，建立鉴定检测平台，扩大进口药企规模。

北京市医药类商贸物流的发展离不开基础设施的不断完善。通常情况下，为了满足客户对于药品的实时需求，制药企业会保有一定量的安全库存。而药品具有一定特殊性，需要严格的保管条件，并将不同类的药物放置于不同温度的仓库。北京市医药冷链物流资源如表 4–5 所示。

表 4–5　　　　　　　　　　　　北京市医药冷链物流资源

序号	企业	位置	备注
1	中物金象医药物流有限公司	黄村镇大庄东天河北路 14 号院内	恒温库 2.6 万平方米（冷库 600 平方米）；药品库
2	北京嘉和嘉事医药物流有限公司	通州区兴光二街 8 号	嘉事堂药业东部（次渠）医药物流中心：物流中心占地 5.3 万平方米，总储位 3.9 万个，日出入库箱数超过 30000 箱
			嘉事堂药业西部（石景山麻峪）医药物流中心总仓储 2 万平方米，1 万个立体储位
			嘉事堂药业房山、顺义医药物流中心总仓储 3 万平方米
			嘉事堂药业海淀东冉医疗器械物流中心占地 7000 平方米
3	北京九州通医药有限公司	大兴区大兴经济开发区广平大街 9 号	总面积为阴凉仓 75.6 亩，冷库 1.8 亩；平均库存周转时间 43 天
4	国药空港（北京）国际贸易有限公司	顺义区金航中路 10 号院 3 幢	6934 平方米；医药库；位于天竺综合保税区
5	北京同仁堂健康药业股份有限公司	北京经济技术开发区景园北街 2 号 58 幢 5 层—13 层	用地总面积为 85906.43 平方米，规划总建筑面积为 108886.57 平方米

序号	企业	位置	备注
6	综保区（北京）国际医药分拨中心有限公司	顺义区金航中路10号院1幢	26000平方米；药品库；位于天竺综合保税区
7	北京源通康百医药有限公司	北京经济技术开发区景园街6号2号楼1层—2层101－211	42000平方米，储量100万吨，平均库存周转时间45天

（三）骨干企业不断发展，医药物流行业竞争加剧

1. 北京市医药及医疗器材企业分布

北京市医药及医疗器材批发企业有1422家，主要分布在朝阳区、通州区、丰台区等，其中朝阳区275家，占比19.3%；通州区173家，占比12.2%；丰台区144家，占比10.1%。医药及医疗器材零售企业有2208家，主要分布在朝阳区、海淀区、丰台区，其中朝阳区444家，占比20.1%；海淀区291家，占比13.2%；丰台区239家，占比10.8%（见图4－12）。

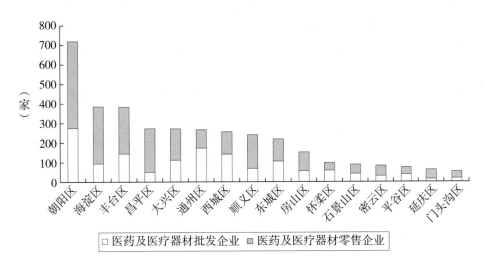

图4－12 北京市各区医药及医疗器材企业数量

资料来源：企查查。

2. 北京市限额以上医药及医疗器材企业数量

2009—2021年北京市限额以上医药及医疗器材批发企业总体上呈现增加趋势，从2009年的334个增加至2021年的938个，同比增长181%。

2009—2021年北京市限额以上医药及医疗器材专门零售企业总体上呈现下降趋势，从2009年的248个下降至2021年的117个，同比下降53%（见图4－13）。批发企业数

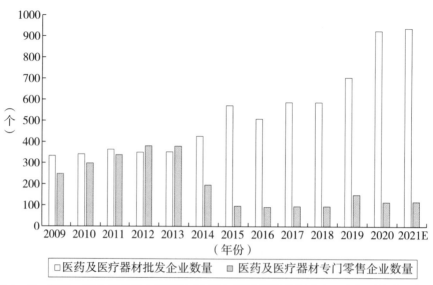

图 4 – 13　2009—2021 年北京市限额以上医药及医疗器材批发企业、专门零售企业数量
资料来源：《北京统计年鉴 2021》。

量越来越多，而零售企业却越来越少，从而可见北京市医药及医疗器材市场竞争愈发激烈。

3. 医药冷链运输企业

我国中东部医药仓储企业较多[①]，这与我国医药企业地域分布基本一致。其中，北京市有 7 家企业入选 2020 年医药冷链运输 20 家重点企业，数量占比 35%，分别是北京盛世华人供应链管理有限公司、北京华欣物流有限公司、中集冷云（北京）供应链管理有限公司、北京钥途冷运物流有限公司、京东物流、中外运跨境电商物流有限公司、北京映急物流有限公司。2020 年全国医药冷链运输企业 20 强北京地区统计如表 4 – 6 所示。

表 4 – 6　　　　　　　2020 年全国医药冷链运输企业 20 强北京地区统计

企业名称	注册资本（万元）	全国排名
北京盛世华人供应链管理有限公司	13364	1
北京华欣物流有限公司	3000	3
中集冷云（北京）供应链管理有限公司	8000	5
北京钥途冷运物流有限公司	5000	9
京东物流	100000	10
中外运跨境电商物流有限公司	50000	18
北京映急物流有限公司	1000	19

---

① 2020 年医药冷链运输/仓储企业盘点分析报告。

4. 医药冷链仓储企业

2020 年医药冷链仓储 30 强企业主要集中在华北及华东地区的东部沿海地区。其中，北京有 3 家 30 强企业，数量占比 10%，分别是华润医药商业集团有限公司、北京嘉和嘉事医药物流有限公司、科园信海（北京）医疗用品贸易有限公司。

目前，在国家明确表示要引导邮政、快递企业加快发展冷链、医药等高附加值业务的背景下，预计未来医药物流领域会有更多的企业参与进来。然而，部分企业因为发展医药物流业务持续亏损而被迫宣布退出市场，可见医药冷链市场格局远未形成定局。

（四）医药物流政策相继出台，宏观环境不断改善

国务院于 2009 年 3 月发布《中共中央 国务院关于深化医药卫生体制改革的意见》中明确表示取消药品加成政策，政府将通过行政手段对社区卫生服务机构所需药品由政府统一采购、定点生产和统一配送。2013 年 2 月国家市场监督管理总局宣布新修订 GSP 于 2013 年 6 月实施，新版 GSP 强化了药品在流通领域各个环节的监控，旨在减少流通领域安全问题的发生。2016 年年底 "两票制" 的推行，促使药品流通领域改革升级，颠覆药品流通领域传统模式，历经 2 年的行业洗牌之后，2018 年年底 "4+7" 带量采购，促使药品流通领域改革进入白热化阶段。药品流通作为药品供应链的中间环节，其发展和完善直接影响药品供应。2021 年 4 月，SPD 逐渐由医院自行自费建设。在医用耗材管理中，SPD 通过联动医用耗材供应链上的核心成员，对医用耗材进行统筹管理，实现管理效能的提高。

北京市政府为了促进本市医药类商贸物流健康高质量发展，不断推出相关政策提高医药物流服务水平，实现作业自动化、流程信息化、配送及时化、行业集中化，2017—2021 年北京市商贸类医药物流政策如表 4-7 所示。

表 4-7　　　　　　　　　2017—2021 年北京市商贸类医药物流政策

文件名称	发布单位	发布日期	主要内容
《北京市国民经济和社会发展第十四个五年规划和二○三五年远景目标纲要》	北京市人民政府	2021 年 3 月	深化医药卫生体制改革。稳妥推进医保药品目录向国家目录过渡。完善药品供应保障体系，进一步推进药品耗材采购改革
《北京市进一步做好短缺药品保供稳价工作实施方案》	北京市卫生健康委等 9 部门	2020 年 5 月	建立北京市短缺药品保供稳价工作会商联动机制，实现本市原料药和制剂在注册、生产、采购、价格等方面信息联通共享；建立短缺药品快速采购通道；加强药品价格异常情况监管

文件名称	发布单位	发布日期	主要内容
《北京市食品药品安全委员会关于印发〈北京市2019年食品药品安全重点工作安排〉的通知》	北京市食品药品安全委员会	2019年12月	简化食品药品准入流程，做好与药品经营许可换证工作
《北京市人民政府办公厅关于印发〈北京医耗联动综合改革实施方案〉的通知》	北京市人民政府办公厅	2018年12月	①规范调整医疗服务项目价格；②开展国家药品集中采购试点和京津冀医用耗材联合采购，进一步规范药品流通秩序
《关于规范调整病理等医疗服务价格项目的通知》	北京市医疗保障局、北京市发展和改革委员会、北京市卫生健康委员会、北京市人力资源和社会保障局	2018年12月	严格规范价格行为，执行价格公示制度
《北京市流通领域现代供应链体系建设试点项目与资金管理办法》	北京市商务局、北京市财政局	2018年11月	试点资金重点支持医药等民生消费行业领域，加快推进现代供应链体系建设。具体包括：物流设施节点标准化建设与改造，货运车辆、集装箱等标准化物流载具的推广应用，及相关物流设施建设改造、物流设备购置等
《北京市人民政府办公厅关于印发〈北京市加快医药健康协同创新行动计划（2018—2020年）〉的通知》	北京市人民政府办公厅	2018年9月	鼓励采购应用创新产品
《关于印发北京市公立医疗机构药品采购推行"两票制"实施方案（试行）的通知》	北京市深化医药卫生体制改革领导小组办公室、北京市卫生和计划生育委员会、北京市食品药品监督管理局等10单位	2017年11月	北京市在药品采购中实行"两票制"，严格规范药品购销票据管理
《北京市人民政府关于印发〈医药分开综合改革实施方案〉的通知》	北京市人民政府	2017年3月	①落实药品购销"两票制"；②公开公立医疗机构药品采购品种、价格、数量和药品调整变化情况

二、北京市医药物流模式分析

随着新医改政策的实行，北京市涌现了众多优秀的医药物流企业，按企业从事的业务可以将其分为医药制造企业、医药批发企业、医药零售企业和医药商业企业。医药类商贸物流模式主要分为两种，自营和外包。由于药品的特殊性，使其对储存、包装、运输有特殊的要求，国家规定药品的仓储、运输，都必须按照药品说明书规定的低温、冷藏条件操作，在一定程度上影响了医药类商贸物流。

然而，在企业大胆尝试下，结合医药物流的市场需求，形成了有益于医药物流业发展的医药物流运作模式。据调查，其中最典型的医药物流运作模式包括区域性医药供应链整合模式、药房托管模式、医药电子商务模式、零售连锁医药物流模式。

（一）区域性医药供应链整合模式

医药供应链整合模式是将医药供应链上、下游结点企业的物流业务与信息系统等进行一体化整合，实现药品在整个链条流动过程中的信息透明化。医药供应链的上下游企业的整合，使医药供应链上的采购、生产、仓储、分销、零售得到了有效的管理。目前，医药物流的发展还处于起步阶段，在医药物流企业的整合过程中，由于医药企业分布不均，使得医药物流企业的整合出现断裂等问题。因此区域性医药供应链整合模式，更加适合现阶段医药物流企业的发展现状。区域性医药供应链整合模式，将某一个区域的医药供应链企业的物流业务与信息系统进行整合，在某一区域实行大型医药企业对小型医药企业的并购，以及中小型医药物流企业的重组整合，最终实现全国医药供应链的整合。九州通医药集团，正是将这一模式成功地运用到了其企业的运作之中，从而成为我国最大的医药民营企业。

九州通医药物流企业首创"低成本、高效率"的医药物流运作模式，通过整合上下游企业的资源，实现药品采购的低成本与药品销售的低价格。九州通向上游企业采购时，通过现场付现、批发等方式降低采购成本，然后再以较低的价格将药品出售给客户，并为客户提供优质的物流服务，从而赢得客户需求市场。

医药企业处于散、乱、杂的格局，这大大增加了北京市商贸类医药物流企业的管理难度，而区域性医药供应链整合模式，很好地解决了医药物流行业集中度低的问题，从而提升了医药物流的效率。然而由于北京市商贸类医药物流服务水平的低下，在实现全面整合的过程中还存在许多技术问题，这都是未来医药物流企业发展中需要解决的问题，也为医药物流企业的整合提供了方向。

（二）药房托管模式

药房托管模式，是我国医药改革政策的产物，将药品与医院分离，主要表现为药房将药品的经营权与管理权委托给医药公司，由医药公司负责对药品的经营和管理，而药房作为医疗机构主要负责对于医院所需药品的采购。药房与医药公司需要签订委托协议。协议分为三种：第一种是将超额的利润作为托管方的收入；第二种是在委托之前先定好价格比例，委托结束后，按比例进行划分；第三种是按税前利润对委托双方的价格进行估价（见图 4－14）。

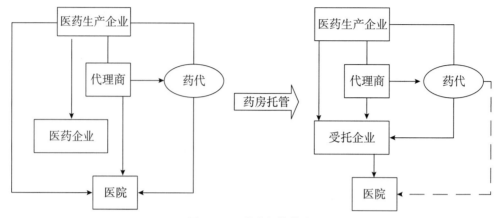

图 4－14　药房托管模式

药品流通企业通过药房托管、医药物流延伸服务等方式与医疗机构形成合作联盟，减少中间环节，药品流通企业掌握第一手药品销售资料，采购计划性更强，从而降低物流和库存成本，协助医疗机构缓解"看病贵"的民生问题。药房托管模式是践行新医改的产物，然而在其推广过程中还存在以下问题：第一，医院的托管方通常是一家或者几家医药商业企业，对于医院的采购清单，存在供不应求的现象，可能会出现病人不能及时取药的风险；第二，医药商业企业以盈利为目的，在提供医院所需的药材的时候，存在着避宜就贵的情况；第三，对于中草药价格的界定存在着困难；第四，对于同一种药品，由不同的生产商生产，药效会出现差异，影响医治效果。为了解决这些问题，北京市商贸类医药物流企业在药房管理过程中引入国外先进的管理技术以及电子商务技术。

（三）医药电子商务模式

药品生产企业、批发企业、零售企业，通过网络平台进行药品贸易，医药电子商务模式主要包括：B2B，B2C，以及第三方电子商务平台。B2B 模式，为药品采购方以及药品供应商提供的电子交易网络。B2C 模式类似于淘宝，客户根据自己的需求，通过交易平台了解药品的信息进行交易。第三方电子商务平台，为医药生产企业、医药批发企业、医药零售企业提供网络虚拟交易平台，药品的买卖双方通过这一平台，可以了解到药品的供需信息，从而更加有效地降低物流成本。

京东大药房，从最初的药品零售业务，已经成长为行业内极具影响力的、线上线下一体化医药零售平台及营销平台。过去 5 年，京东大药房通过全面深化与全球医药健康品牌伙伴们的合作，持续完善覆盖线上线下全渠道的供应链体系，全面提升专业服务能力，助推医药产业数智化转型升级。

基于"B2C＋O2O"和"自营＋平台"的组合，京东大药房为消费者带来健康消费全场景的同时，也为医药工业、商业领域的合作伙伴带来了全渠道覆盖。以京东药急送为例，其为用户提供次日达、当日达、30 分钟、7×24 小时的送药上门服务，极大缓解了用户的需求。

医药电子商务模式目前还处于起步阶段，存在很多不足。在线上购买处方药时，用药安全是最大风险点。在医药电商平台购买处方药流程为：先添加用药人信息，选择线下确诊疾病，支付成功后由平台医生开方。整个操作过程不足5分钟，甚至不用提供完整处方，仅在付款页面提示"请确认您已在线下医院完成就诊。"另外，政府对医药电子商务企业的监管力度不足；客户对医药电子商务平台的不信任；医药电子商务的服务水平偏低，以致不能提供良好的信息服务。然而随着电子商务的发展，医药电子商务模式将成为医药物流发展的必经之路，针对医药电子商务模式的不足，可以选择建立客户管理系统以及提升服务质量来吸引客户。由于药品的特殊性，在选择医药电子商务的交易平台的时候，客户对于药品的质量以及药品的功效有着特殊的要求。为此电子商务平台，还应当在一定范围内提供医疗咨询服务，从而提升客户的满意度。

（四）零售连锁医药物流模式

零售连锁医药物流模式是一种特殊的医药物流模式，将物流与零售连锁店相结合，通过连锁店提供配送服务（见图4-15）。

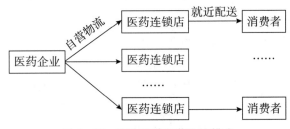

图4-15 零售连锁医药物流模式

华润集团是我国大型国有企业。华润集团的物流模式是将物流与其零售连锁店相结合，做到配套配送。由于华润集团是大型医药国有企业，国家允许其在全国各地开设零售分店，华润集团主要为其分店进行药品配送。

华润集团作为大型医药企业，在全国各地铺设零售分店，针对不同地区消费者的需求，实行就近配送，这既解决了零售企业库存积压的问题，也解决了药品流通所产生的物流成本过高的问题。这种模式主要针对大型医药企业，为了降低库存、提高物流效率所形成的一种物流模式。这一模式的成功，为我国医药大型流通企业的规模化发展起到了借鉴的作用。

对北京市医药物流运作模式进行分析可以得出北京市的医药市场正在逐步实现集中化、规模化，各大医药物流企业开始将西方先进的管理技术引入中国。未来北京市还将继续深化医药物流市场的集成，并将提升物流管理能力与信息化水平作为发展的重点。

随着新冠病毒疫苗接种工作范围逐步扩大，也将带动医药冷链物流的发展。目前中国生物等公司研制出的新冠肺炎病毒疫苗需要接种3针，新冠肺炎病毒带来的疫苗增量在42亿支，这将给疫苗冷链运输市场至少带来4倍以上的增量。为满足新冠病毒疫苗的低温仓储与配送需求，自2020年开始冷库制冷设备、冷藏运输设备等需求开始大幅增长。

因新冠病毒疫苗配送量巨大，需要调动更多有实力和资质的企业开始冷链物流配送业务，除国药控股、华润医药、九州通等医药物流龙头企业外，第三方物流企业也将迎来发展机遇。

三、中国医药集团有限公司案例分析

中国医药集团有限公司（以下简称"医药集团"）是由国务院国资委直接管理的中国规模最大、产业链最全、综合实力最强的医药健康产业集团。其成立于 1987 年，以预防治疗和诊断护理等健康相关产品的分销、零售、研发及生产为主业。旗下有 1500 余家子公司和国药控股、国药股份、国药一致、天坛生物、现代制药、中国中药 6 家上市公司。

医药集团所属各企业自成立之日起就承担着全国抢险救灾药品、中药材、医疗器械的中央储备、调拨和供应任务，在关键时期、危急时刻，发挥了重要的作用。在 2003 年抗击非典中，医药集团作为国家防治非典指挥部后勤保障组成员单位，动员了集团系统一百多家企业，向 22 个省、自治区、直辖市调拨防治非典医药用品总金额为 1.3 亿元；向北京等重点地区供应了防治非典医药用品 1.7 亿元，圆满完成了中央援助香港特区、澳门特区价值 3000 多万元的防治非典医药用品的货源组织和供应工作。在 2008 年抗震救灾中，医药集团快速反应，完成抗震救灾医药物资储备调拨金额达 3 亿元。2020 年，医药集团专门设立 10 亿元专项资金用于新冠肺炎疫情。

在国际合作发展领域以建设中国领先、国际一流的医药健康产业平台为目标，大力开展国际合作，积极扩大全球网络布局，在德国、荷兰、印度、埃及、越南、乌克兰等多个国家设立境外企业和机构，开展国际贸易、药品制造、工程承包、医疗技术支持和服务等多种业务。

医药集团秉承"关爱生命 呵护健康"的初心，立足医药大健康产业发展平台，牢牢把握建设"健康中国"的战略机遇期，精心谋划"十四五"规划，全面实施"四六八"—"四梁八柱"发展战略规划，实现"百千万"—"百强万亿"发展战略目标，创建具有全球竞争力的世界一流医药企业集团，为建设"健康中国"和全面建成小康社会作出新的贡献。

第五章

北京市冷链物流需求量预测及发展趋势

第一节　北京市冷链物流需求规模现状

一、北京市冷链物流供给分析

近年来，北京市政府对农产品冷链物流高度重视，制定了多项政策对农产品冷链物流进行政策引导和支持。如 2010 年，北京市正式印发的《北京市人民政府关于切实作好稳定消费价格水平保障群众基本生活有关工作的通知》中，提出了 12 条保供应、稳价格、保民生的措施。其中一条就是保障农产品绿色通道的通行，并研究组建鲜活农产品配送"绿色车队"和配送车辆通行政策。2017 年，北京市印发《北京市深入推进"互联网＋流通"行动实施方案》，提出鼓励培育新型流通主体，大力发展流通创新基地。2017 年，北京、天津、河北三地政府联合印发《环首都 1 小时鲜活农产品流通圈规划 (2016—2020)》，提出通过建立稳定、便捷、高效的产供销系统和物流服务系统，保障首都社会生活的安全稳定，带动区域协同发展。2021 年，北京市人民政府印发《北京市"十四五"时期乡村振兴战略实施规划》，提出要加强农产品仓储保鲜和冷链物流设施建设，结合全市物流专项规划，建设 40 个农产品仓储保鲜冷链物流设施，争取到 2025 年，全市生鲜农产品冷链流通率提升到 50%。

随着北京市近年来冷藏车和冷库数量不断提高，人均冷库容量高于全国平均水平，接近发达国家水平。多年来，北京市一直重视对冷链物流企业的培育，希望培育出一批组织化程度高、专业服务能力强的冷链物流龙头企业。与此同时，北京市还鼓励发展第三方冷链物流企业，加强农产品产业链资源共享，优化冷链供应链，拓展增值服务功能。在 2019 年度中国冷链物流 50 强企业名单中，北京市多家企业榜上有名，如北京中冷物流股份有限公司、北京澳德物流有限责任公司、京东物流等，这些优质企业将为北京市冷链物流提供有力保障。

在未来的发展下，冷链物流领域中的供给设施建设必然会得到迅猛发展。这些基础设施的建设主要包含了冷藏设施的进一步建设、冷库技术水平的进一步提高以及冷藏车辆的多元化发展等。同时，符合地区经济发展的现代化冷藏库、冷链物流配送中心等也会逐步建立并投入使用。适合于农户所使用的微型冷库、蔬菜果品恒温气调库等也将得到迅猛发展，低温库所占的比重将得到进一步增加。而在冷链物流企业的运输过程中，将逐渐采用气调保鲜车、机冷车以及适用于大批量运输的冷藏集装箱等设备。最后，公路冷藏车将逐渐出现"两极分化"的局面，一是大吨位、大容量的冷藏车，将主要满足长途运输的需要；二是小吨位、小容量的冷藏车，将主要针对城市配送。

二、北京市冷链物流需求分析

随着人民生活水平和食品安全意识的提升，人们对于生鲜农产品的要求也越来越高，传统冷链物流运输的农产品易腐烂，将会逐渐失去市场。电子商务的飞速发展，增强了生鲜农产品在消费群体视野中的曝光率。随着农业现代化进程的加快，生鲜农产品呈现出长距离、反季节的特点，使消费对象不再单一。随着北京市区域经济交流的加强和近些年国际贸易的迅猛发展，预计接下来几年，北京市的进出口贸易都将持续增加，对冷链物流需求将持续扩张。

三、农产品生产环节冷链物流需求分析

在对冷链物流的需求中，占比最大的就是农产品冷链运输。农产品生产环节与之接触较多的是种植户和农民专业合作社，这个环节是未加工的初级农产品。从北京市2011—2020 年农产品种植面积及产量来看（见图 5 - 1 和表 5 - 1），北京市农产品种植面积和农产品产量总体呈下降趋势，其中，2011—2020 年农产品种植面积由 30.3 万公顷下降至 10.2 万公顷。由于北京市的常住人口不断增加，且受北京市的地理位置、土地资源等外部限制，使北京市不宜大规模种植农产品，在这些少量产出的农产品中，除去很少一部分农民留作自用外，其他农产品都会流通至各终端市场。对北京市来说，要满足大量人口对生鲜农产品的需求，必须依靠外部的大量进口，这必然导致对冷链物流服务的需求大大提升。近年来，我国农产品冷链物流规模不断扩大，可以预测，在消费者对食品质量安全日益关注的趋势下和在国家政策的积极引导下，北京市未来农产品冷链流通

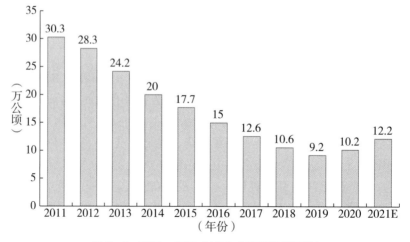

图 5 - 1　2011—2021 北京市农产品种植面积

资料来源：《北京统计年鉴 2021》。

各项指标必定向好增长，农产品冷链物流需求的市场规模也将随之增加。

表 5 - 1　　　　　　　　2011—2020 年北京市各类农产品产量

种类	2011 年	2012 年	2013 年	2014 年	2015 年	2016 年	2017 年	2018 年	2019 年	2020 年
蔬菜	296.9	279.9	266.9	236.2	205.1	183.6	156.8	130.6	111.5	137.9
果类	87.8	84.3	79.5	74.5	71.4	66.1	61.1	49.9	48.9	43.0
奶类	64.0	65.1	61.5	59.5	57.2	45.7	37.4	31.1	26.4	24.2
肉类	44.4	43.3	41.8	39.3	36.4	30.4	26.4	17.5	5.1	3.5
水产品	6.1	6.4	6.4	6.8	6.6	5.4	4.5	3.0	3.0	2.3

四、农产品流通加工环节冷链物流需求分析

在农产品流通加工方面，目前北京按照"三区两环一带"的空间结构对北京农产品加工业进行布局，形成"三区统筹发展、两环拓展提升、一带特色添彩"的空间发展格局。

其中的"三区"包括中部农产品精深加工区，南部打造乳制品生产基地、蔬菜（食用菌）加工区，北部干鲜果品、饮品和新兴特色食品加工区。在产业类型和加工深度上，三区差异明显、各具特色，在产品结构和企业构成上，三区均具有满足市场高端需求的优质加工产品、在北京和国内外具有一定知名度的名优品牌，形成"精品为主，特色突出"的新格局，有效促进三区优势互补、统筹发展。

"两环"则包括技术密集型农产品加工环和菜篮子产品加工保障环。在功能结构上，技术密集型农产品加工环以科技创新和成果示范为主，菜篮子产品加工保障环以保障城市农产品供应和带动农民就业增收为主。随着城市化进程的加快和水平的提高，两环将呈现空间动态拓展和发展水平提升的趋势。

"一带"为生态涵养区特色农产品加工产业带。包括门头沟、延庆、怀柔、密云、平谷等山区县。生态涵养区特色农产品加工产业带立足山区资源优势，大力发展以山区有机干果、特色杂粮为重点的果品与杂粮加工业；发挥生态涵养区生态优势，以农产品加工园区为依托，发展以果品、饮料生产为主的精深果蔬加工业。

在"三区两环一带"的北京农产品加工业布局环境下，北京市吸引和培育了一大批知名农产品加工企业和产品，使众多农产品加工龙头企业将总部设在北京。农业农村部出台的《农业农村部关于拓展农业多种功能 促进乡村产业高质量发展的指导意见》中提出，建设产地仓储保鲜冷链基础设施，集中打造农产品生产供应基地，配备智能化设施设备和质量追溯设备，鼓励使用"一品一码""一捆一码""一筐一码"等追溯技术设备。按照规划，北京市将以科技要素优势重点发展高端化、康养型、精致化农产品精深加工，这必然造成冷链物流需求的规模增加。

另外，随着电子商务、新零售等蓬勃发展以及城乡一体化的推进，催生了生鲜社区O2O、冷链宅配等新型业态，我国生鲜电商行业历经探索阶段、高速发展阶段后，逐渐进入转型升级阶段。同时，阿里、京东、苏宁等大型电商平台纷纷入局，电子商务销售额、

销量和用户数等数据逐年增长。北京市生鲜电商企业和餐饮企业的蓬勃发展也使冷链物流需求的规模增加。

五、农产品销售环节冷链物流需求分析

2020 年北京市农产品消费价格分类指数相较 2019 年，粮食类上涨了 5.4%，畜肉类上涨了 1.3%，蔬菜类上涨了 1.0%。这说明北京市居民对生鲜农产品的需求增加，对冷链物流的需求也有所提高。2020 年，北京市居民人均可支配收入为 69434 元，同比增长 2.5%，居民收入水平的不断提高对消费结构和消费方式产生了直接影响，居民更加关注农产品的多样性、新鲜程度、时令、安全，对农产品品质提出了更高的要求，而冷链物流减少了农产品营养的流失，在保证农产品品质方面起到了重要作用。同时伴随着城市化进程的加快，超市将会成为生鲜农产品的主要销售渠道，这些都决定了农产品冷链物流的需求将不断增加。

第二节　北京市商贸冷链物流需求影响因素

冷链物流需求不是由单一的影响因素决定的，需要综合考虑相关的经济、社会、人文、物流等多种影响因素，并充分考虑这些因素之间存在的联系和制约关系。本项目结合北京市商贸冷链物流现状，在分析 2011—2021 年实际数据的基础上，按照综合性、可获得性原则，对北京市商贸冷链物流需求的主要影响因素进行归纳和筛选（见表 5-2），包括以下五个方面。

表 5-2　　　　　　北京市商贸冷链物流需求影响因素指标体系

影响因素	衡量指标
农产品供给	农产品年产量
	农产品生产价格指数
社会经济发展水平	社会商品零售额
	地区生产总值
	第三产业占比
	第一产业增加值
冷链发展水平	农产品冷链物流损失率
	冷库容量
	冷链物流综合流通率
人文发展水平	居民人均消费支出
	常住人口数量
物流需求规模	货物运输量
	公路营运汽车拥有量

一、农产品供给因素

农产品的有效供给能够保障供应商有足够的商品来满足消费者的需求，同时保证农产品的价格在合理的层面，达到供需平衡。北京市农产品的供给多数从外地运输进京，对冷链物流的需求较高。根据数据的可获得性和对需求影响的相关程度，选取的农产品供给因素衡量指标有农产品年产量、农产品生产价格指数。

二、社会经济发展水平因素

冷链物流作为社会经济发展到一定阶段的衍生产业，其服务能力和发展水平都与社会经济发展水平有密切的相关性。由于经济发展制约着冷链发展，因此社会经济增长将会影响消费者对冷链产品的消费。一般来说，城市的经济发展水平越高，消费者对冷链物流的需求也就越高。因此选取社会商品零售总额、地区生产总值、第三产业占比、第一产业增加值作为经济发展水平的衡量指标，通过这4项指标可以较为准确全面地反映北京市的社会经济发展情况。

三、冷链发展水平因素

由于冷链相关的统计工作开展较晚，根据数据的可获得性和指标选取的科学性，本项目选取农产品冷链物流损失率、冷库容量、冷链物流综合流通率来衡量冷链物流的发展水平。

四、人文发展水平因素

随着人民消费水平的提高，消费者对食品质量和安全性要求更高，冷链物流需求量也会随之提升，人文发展水平直接影响消费者对农产品冷链物流的需求。人文发展水平可作为需求预测的一个重要影响因素，通过选取居民人均消费支出、常住人口数量这2个指标来衡量北京市人文发展水平。

五、物流需求规模因素

物流需求规模能够反映物流发展水平以及消费者的需求能力。选取的2个衡量指标包括：货物运输量、公路营运汽车拥有量。

第三节　北京市商贸冷链物流需求规模预测

一、模型构建

BP神经网络从信息处理角度对人脑神经元网络进行抽象函数逼近，依据连接方式、权重和激活函数的不同，网络输出也不同。该模型主要有三层，输入层、隐藏层和输出层，主要针对的是"大样本""复杂信息"和"非线性"动力系统。模型中每一层的神经元只会与相邻层的神经元完全连接，同一层的神经元之间没有连接，并且每一层的神经元之间没有反馈，从而能够形成一个具有层次结构的前馈神经网络（见图5-2）。

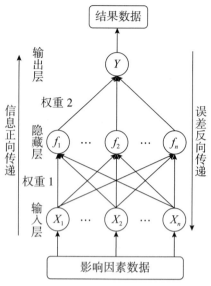

图 5 - 2　BP 神经网络结构

标准 BP 神经网络算法包括两个方面：一方面是对于输入信息而言的，即正向传递；另一方面是对于预测值与期望值之间误差而言的，即反向传递。信息的正向传递过程基本模型如下所示。

隐藏层第 i 个节点的输入 net_i 为：

$$net_i = \sum_{j=1}^{M} w_{ij} x_j + \theta_i \qquad (5-1)$$

隐藏层第 i 个节点的输出 O_i 为：

$$O_i = \emptyset(net_i) = \emptyset\left(\sum_{j=1}^{M} w_{ij} x_j + \theta_i\right) \qquad (5-2)$$

输出层第 k 个节点的输入 net_k 为：

$$net_k = \sum_{i=1}^{q} w_{ki} y_i + a_k = \sum_{i=1}^{q} w_{ki}\emptyset\left(\sum_{j=1}^{M} w_{ij} x_j + \theta_i\right) + a_k \qquad (5-3)$$

输出层第 k 个节点的输出 O_k 为：

$$O_k = \varphi(net_k) = \varphi\left(\sum_{i=1}^{q} w_{ki} y_i + a_k\right) = \varphi\left(\sum_{i=1}^{q} w_{ki}\emptyset\left(\sum_{j=1}^{M} w_{ij} x_j + \theta_i\right) + a_k\right) \qquad (5-4)$$

二、数据收集与统计

对北京市商贸冷链物流需求做预测时，首要工作是数据收集与统计。本节涉及的数据来源于 2006—2021 年的《北京统计年鉴》《北京市冷链物流报告》《中国冷链物流发展报告》《中国统计年鉴》，基于篇幅有限省去了数据处理过程，同时由于冷链的相关数据统计工作开始较晚且部分数据不可获得，因此本项目根据数据的可获得性、已有文献的总结以及实践中所有可能影响北京市商贸冷链物流需求的因素的整理来查找影响指标，并统计相关数据。

尽管我国各类统计报表中没有农产品冷链物流需求量指标，但是农产品的需求量就是很好的参照数据。考虑到使用农产品冷链物流的需求者一般为城镇顾客,故选择使用北京城镇常住人口数量和城镇人均生鲜农产品消费量的积作为北京市农产品冷链物流需求量。并以此作为预测北京市农产品冷链物流需求量的因变量,用与农产品冷链物流需求高度相关的多个影响因素作为自变量,建立需求预测模型。2006—2021 年北京市商贸冷链物流需求量及影响因素统计如表 5 – 3 所示。

表 5 – 3　　　　2006—2021 年北京市商贸冷链物流需求量及影响因素统计

| 年份 | 农产品供给因素 | | 社会经济发展水平因素 | | | |
	农产品生产价格指数	农产品年产量(万吨)	社会商品零售总额(亿元)	地区生产总值(亿元)	第三产业占比(%)	第一产业增加值(亿元)
2006	99.1	696	3673.3	8387	74.3	87.2
2007	114.4	694	4307.4	10425.5	75.9	99.4
2008	112.3	697	5257.5	11813.1	77.7	111.4
2009	98.3	697	6140	12900.0	77.9	116.8
2010	106.5	665	7273	14964	77.6	122.8
2011	110.7	665	8334.8	17188.8	78.5	134.5
2012	104.7	636	9440.2	19024.7	79	148.4
2013	104.7	598	10382.5	21134.6	79.5	159.8
2014	99.7	527	11354	22926	80	159.2
2015	99.8	484	12271.9	24779.1	81.5	140.4
2016	99.7	427	13134.9	27041.2	82.3	129.8
2017	96.2	365	13933.7	29883	82.7	121.9
2018	103.6	292	14422.3	33106	83.1	120.6
2019	109.9	237	15063.7	35445.1	83.7	114.4
2020	110.9	253	13716.4	35943.3	83.8	108.3
2021	98.2	287	14867.7	40269.6	81.7	111.3

| 年份 | 冷链发展水平因素 | | | 人文发展水平因素 | | 物流需求规模因素 | |
	农产品冷链物流损失率(%)	冷库容量(万吨)	冷链物流综合流通率(%)	居民人均消费支出(元)	常住人口数量(万人)	货物运输量(万吨)	公路营运汽车拥有量(万辆)
2006	45.6	30.8	4.6	19003	1601.0	33547	16.70
2007	42.3	37.3	4.6	21769	1676.0	20770	13.78
2008	40.0	47.9	5.1	24005	1771.0	21885	15.09
2009	35.7	48.0	5.2	26353	1860.0	22017	17.96
2010	33.6	49.9	6.3	29483	1961.9	23712	15.75

年份	冷链发展水平因素			人文发展水平因素		物流需求规模因素	
	农产品冷链物流损失率（％）	冷库容量（万吨）	冷链物流综合流通率（％）	居民人均消费支出（元）	常住人口数量（万人）	货物运输量（万吨）	公路营运汽车拥有量（万辆）
2011	32.3	53.9	8.0	32960	2023.8	26849	18.60
2012	31.0	61.6	8.1	36076	2077.5	28650	21.28
2013	28.9	71.9	8.8	40313	2125.4	28294	24.11
2014	28.0	93.9	9.2	42918	2171.1	29518	26.10
2015	24.3	110.9	10.1	46423	2188.3	23236	25.08
2016	23.8	125.2	10.9	50195	2195.4	24099	25.09
2017	23.1	140.1	11.0	54965	2194.4	23879	25.92
2018	21.1	157.5	13.2	61458	2191.7	25244	24.39
2019	19.8	177.3	14.5	66348	2190.1	27338	16.10
2020	18.2	195.3	14.7	62842	2189.0	26346	10.97
2021	17.1	208.9	22.5	71005	2188.6	28127	12.63

三、冷链物流需求量预测

首先需要对所收集的数据进行归一化，BP 网络神经元的激活函数一般选取 S 型函数，这样做的目的是加快网络的收敛速度。权值的修正值与误差函数对输入量的导数有关，而误差函数又是 S 型函数，如果样本数据不进行处理，会导致输入值很大，出现过饱和现象，影响训练。因此，要对数据进行归一化处理。一般情况下初始化值选取在（-1，1）或者（0，1）之间，初始权值的选择范围与激活函数有关，当激活函数为 S 型函数时，初始化值一般在区间（0，1）内，当激活函数为正切函数时，权值应在（-1，1）选取。

应用 BP 神经网络算法建立冷链物流需求预测模型，对未来北京市农产品冷链物流需求量进行预测。建立的模型中选取的最大训练步数为 1000，学习速率选取 0.1，目标误差选取 0.001，然后进行训练并预测，得到预测值及误差（见图 5-3 和图 5-4）。

虽然上述数据预测存在一定的误差，但是它在某种程度上能够说明北京市未来一段时间农产品冷链物流需求状况。2021—2026 年北京市农产品冷链物流需求量预测为 661.0 万～746.7 万吨（见表 5-4）。这说明了北京市农产品冷链物流需求规模还有很大的增长空间。预计到 2025 年年末，北京市农产品冷链物流需求量将达到 729.6 万吨，约为 2010 年水平的 1.5 倍。按照这样的发展规律，未来几年内北京市农产品冷链物流需求的增加量必将给冷链物流系统造成巨大压力，要使农产品冷链物流高质量、高效率运行，农产品冷链物流行业必将面临严峻挑战。农产品冷链物流供给需要相应增加，达到需求与供给的平衡。

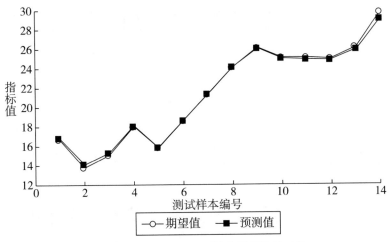

图 5 - 3　BP 测试集预测值和期望值的对比

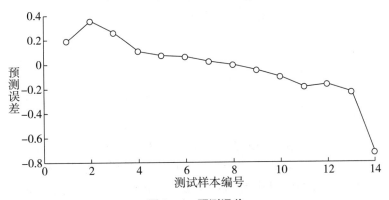

图 5 - 4　预测误差

表 5 - 4　　　　　　　　　　　北京市农产品冷链物流需求量预测

年份	2021	2022	2023	2024	2025	2026
农产品冷链物流需求量（万吨）	661.0	678.2	695.3	712.4	729.6	746.7

四、冷链物流基础设施预测

由于冷库容量和冷藏车数量对北京市未来发展冷链也有着一定的影响，因此对其进行简单线性回归预测。

（1）冷库容量预测。

根据 2009—2019 年北京市冷库容量，可预测 2020—2025 年北京市冷库容量（见表 5 - 5）。北京市冷库容量平均增长率为 10.96%，到 2025 年北京市冷库容量将达到 339.67 万吨。

（2）冷藏车数量预测。

根据 2016—2019 年北京市冷藏车数量，可预测 2020—2025 年北京市冷藏车数量（见表 5 - 6）。北京市冷藏车平均增长率为 13.88%，2025 年北京市冷藏车数量将达到 17229 辆。

表 5 – 5		2020—2025 年北京市冷库容量预测				
年份	2020	2021	2022	2023	2024	2025
冷库容量预测（万吨）	208.97	208.98	252.07	279.62	308.82	339.67

表 5 – 6		2020—2025 年北京市冷藏车数量预测				
年份	2020	2021	2022	2023	2024	2025
冷藏车数量预测（辆）	9027	10379	11875	13516	15300	17229

第四节　北京市冷链资源发展趋势分析

通过对北京市农产品冷链物流需求量及冷库容量、冷藏车数量的预测结果分析，明确了北京市发展农产品冷链物流业所存在的短板，本节根据未来北京市农产品冷链运输发展趋势，对冷库及冷藏车进行发展趋势分析。

一、冷库发展趋势分析

（一）集中规模建设

农产品需求不断增长，农业技术持续更新，对农产品和食品的深加工也起到了很大的促进作用，相应的冷库市场也水涨船高。目前，北京市冷库市场的需求量逐年增加，规模也在不断扩大。尤其在食品生产加工储藏中，新的冷库模式的应用也在逐年增长。所以冷库的设计和建设要符合冷库的功能和定位。未来大型区域性低温物流冷库将成为主流，逐步替代那些规模小、能耗高、管理差、效率低的小型冷库。

从市场对冷库的需求趋势来看，北京市现有的冷库容量还难以满足市场需求。以往各类冷藏库不论规模大小或功能如何，均按土建工程的模式建造，截至目前这种模式仍占主导地位，这种建筑结构不适用于现代冷链运作模式，必须进行冷库资源的整合改建与新冷库的建设。

（二）普通型到节能安全型发展

随着国家推行节能环保政策，人们的思想意识不断提高，对于"节能""绿色"等观念日渐重视。因此，北京市冷库的建设要采用节能性高的制冷设备，在冷库运行中实行节能化管理。高端冷库可以采用制冷设备的远程智能管理系统进行节能降耗和管理，效果比较明显。此外，由于冷库引发的火灾、氨气泄漏等安全事故层出不穷，人们对冷藏行业的安全隐患问题的关注也上升到了一个新的高度。

（三）传统冷库到智慧型冷库发展

传统冷库温度偏差比较大，普通小冷库控温精度较容易。智慧型冷库可以监测冷库各个点的温度数据，通过智能计算，时时调整温度，以达到最精准的温度数值。

二、冷藏车发展趋势分析

(一) 冷藏车使用普及化

目前冷藏车的生产企业普遍存在分散、生产能力低下的现状，但是随着国家宏观政策的调控，"散、乱、差"的格局将会迅速改变，生产的集中度将会逐渐提高，中国冷藏车的需求会迅速赶上发达国家的水平，其规模和技术水平也会快速发展。目前国家颁布的《药品管理法》《食品安全法》及《农产品冷链物流发展规划》等重要法律法规及政策，都说明政府已经加大食品、药品安全的管理力度。运送食品、药品的冷藏车的普及率会大幅度增加，从而带动整个冷链物流行业迅速发展。

(二) 冷藏车发展功能化

目前北京市冷藏保温汽车按照吨位划分，还是中型车较多。除了长途运输所使用的重型车、半挂车，城市内冷链运输主要以轻型冷藏和微型保温车为主，在冷藏保温车功能方面，市场对高技术含量、高附加值产品的需求越来越多。例如，制冷装置、制热装置、液压举升装置、厢体隔仓装置、侧位门装置、计量测量装置等，以及各种厢体的车身结构器材，都有广泛的市场前景。

(三) 冷藏车应用节能环保化

为响应国家政策，应采用对大气环境污染小的制冷剂，冷藏车聚氨酯材料的发泡剂都必须由无氟材料来取代。目前，冷藏车的车厢内壁普遍采用玻璃钢材料，其中的玻璃纤维、树脂类等含苯类物质均对人体有害，都可能对所运食品造成二次污染。世界卫生组织规定，运输食品车辆的车厢内壁必须为不锈钢材料制造。

此外，目前使用的冷藏车车体隔热性能较差，热负荷较大，造成了能源浪费。新研制的冷藏车应提高车体隔热性能，通过采用整体发泡技术或三明治夹心预制板结构，提高车门的气密性，采用合理的隔热结构设计，使隔热性能及气密性能提高。

第六章

冷链物流发展标杆城市情况

第一节 国内冷链物流发展概览

随着我国经济社会发展水平和人民群众生活水平的不断提高，冷链物流需求日趋旺盛。2021年，我国冷链物流需求量达2.7亿吨，较2020年增长3.62%（见图6-1）。2021年，我国冷链物流行业市场规模达到4184亿元，较2020年增长9.2%（见图6-2）。

冷链物流行业较快发展的同时，其核心运输设备冷藏车保有量也持续增长，2021年，我国冷藏车保有量达34万辆。

从不同区域重点企业冷藏车数量来看，冷藏车主要集中分布在华东地区，2020年，华东地区的冷藏车数量达到了15136辆，处于第一梯队，华南地区、华中地区与华北地区分别是6900辆、6354辆与6399辆（见图6-3）。

伴随着国家支持冷链物流发展的相关政策出台，冷链物流项目纷纷"上马"，各类冷

图6-1 2015—2021年我国冷链物流需求量及增长率

图 6-2　2015—2021 年我国冷链物流行业市场规模及增长率

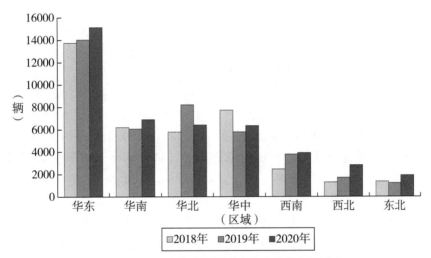

图 6-3　2020 年各区域重点企业冷藏车数量

链物流相关资源配置进一步完善。2020 年，在疫情的影响下，各级政府意识到冷链物流对于保障基础民生工作具有重要意义，发展冷链物流产业、推进冷链物流基础设施布局，成为很多地方政府的发展重点。

伴随着冷链新基建政策的逐步深入，冷链物流两端及流通环节的各类基础设施及服务能力进一步完善，逐步向体系化、系统化方向发展。2020 年我国冷库容量达 7080 万吨，同比增长 17.1%（见图 6-4）。

我国冷库资源严重不平衡，国内冷库主要建在沿海地区，而中部、西北部等地的冷库数量极度缺乏，在这些地方存在运输率低、货架期短、食品安全存在隐患等问题。我国生鲜尤其是果蔬类，损耗严重，原因之一就是冷链流通率很低。

部分城市如北京、天津、上海等的冷库时常处于满租甚至爆仓状态，冷库资源较紧张，而一些二线城市如合肥、长沙、太原等地的冷库有时却出现供大于求的现象。

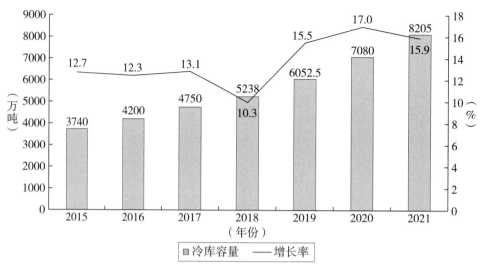

图 6 - 4　2015—2021 年我国冷库容量及增长率

数据显示，我国华东地区冷库容量占比最大，达 37.2%；其次为华中地区，占比达 15.4%；华北地区及华南地区占比分别达 12.3%、10.2%；东北、西南、西北地区因地区寒冷，冷库需求较低，冷库容量占比均不足 10%。

2021 年上半年全国冷库求租面积超过 86.6 万平方米，同比 2020 年上半年增长 41.46%，目前冷库需求主要集中在北上广、江浙等地区的一、二线及沿海城市，中西部冷库需求主要集中在四川、甘肃等地，当前冷库需求仍然呈现东西发展不平衡的格局，但随着中西部地区冷链物流的迅速发展，这种不平衡格局将得到极大缓解。从地域分布来看，华东、华南、华北地区冷库求租面积较大，总占比达到了 69.41%。

从需求方求租量来看，求租面积小于 500 平方米的租赁方数量占比为 10.22%，个体经销商对冷库需求旺盛，主要用于存放已包装好的半成品等冻品，其业务类型以"to C"业务为主，订单呈碎片化趋势，租期短，对冷库的弹性化操作能力要求较高，租赁方式较为灵活。未来随着食品冷链发展，小批量订单将会呈现爆发式增长的趋势。

第二节　国内城市冷链物流发展情况

一、上海市冷链物流发展情况

（一）冷链物流需求与现状

1. 冷链物流需求现状

上海是我国的经济、金融、贸易、航运和科技创新中心，是长三角城市群乃至长江经济带的龙头，经济实力雄厚，2021 年上海市 GDP 达 43214.85 亿元，较 2020 年增长

8.1%。2021 年上海市社会消费品零售总额达 18079.25 亿元，较 2020 年增加了 2146.75 亿元，增长 13.5%。其中，2021 年上海市无店铺零售额达 3738.79 亿元，较 2020 年增加了 697.04 亿元，增长 18.0%；网上商店零售额达 3365.78 亿元，较 2020 年增加了 759.39 亿元，增长 20.8%。2021 年上海市电子商务交易额达 32403.6 亿元，较 2020 年增加了 2986.20 亿元，增长 10.2%。其中，上海市生鲜农产品交易额达 496 亿元，上海市居民主要冷链食品人均消费量远超全国平均水平，且继续保持上升态势，冷链物流需求巨大，且一直处于上升趋势，其冷链物流规模将持续扩大。

2020 年，上海市农产品综合市场数量为 29 个，总摊位数达 14148 个，年末出租摊位数为 11986 个，营业面积达 734214 平方米，成交额达 4789978 万元。农产品市场数量为 25 个，总摊位数达 12610 个，年末出租摊位数为 10248 个，营业面积达 729945 平方米，成交额达 6333302 万元。其中，肉禽蛋市场数量为 4 个，总摊位数达 1146 个，年末出租摊位数为 886 个，营业面积达 19450 平方米，成交额达 175070 万元；水产品市场数量为 3 个，总摊位数达 3664 个，年末出租摊位数为 3564 个，营业面积达 289500 平方米，成交额达 2735233 万元（见表 6-1）。

表 6-1　　　　　　　　　　上海市 2020 年农业商贸情况

市场类型	市场数量（个）	总摊位数（个）	年末出租摊位数（个）	营业面积（平方米）	成交额（万元）
农产品综合市场	29	14148	11986	734214	4789978
农产品市场	25	12610	10248	729945	6333302
肉禽蛋市场	4	1146	886	19450	175070
水产品市场	3	3664	3564	289500	2735233
蔬菜市场	2	467	467	52110	872413
干鲜果品市场	2	628	508	150510	1215160

资料来源：上海市统计局。

上海市作为国际化大都市，对外交流活动频繁，国际经济文化交流活动进一步增加了冷链物流需求。2020 年第三届进口博览会期间食材供应总箱数为 58123 箱，总吨位约 1033 吨。其中，常温 13172 箱、冷藏 22012 箱、冷冻 1560 箱、热链 21379 箱。2019 年第二届进口博览会期间食材供应总箱数为 116952 箱，总吨位 988.8 吨。其中，常温食材 21530 箱、冷藏食品 79653 箱、冷冻食品 15769 箱。未来进口博览会将继续展开，温控食材的进出口贸易为上海市冷链物流市场的发展提供了大量的市场需求。

2. 冷链物流冷库及冷藏车发展现状

上海市依托庞大的消费力和现代快速交通体系，冷链物流的发展较快、水平较高，其冷链物流基础设施、设备等一直都位于全国前列。在冷库方面，2020 年年底，上海市冷库总体量达到 1407.6 万立方米，2020—2021 年 2 月新增建成和在建冷库约 279.71 万立方米，其中，新增冷冻库约 187.5 万立方米，新增冷藏库约 92.21 万立方米。上海市冷库分布呈现明显的不均，主要分布在郊区。2020 年全市占地面积大于 500 平方米且具有一定规模的冷库数量超过 380 家，其中 94% 位于郊区，主要集中于浦东、闵行、宝山、嘉定、松江、青浦、奉贤 7 个区，其他城区加起来不足 10 家。全市大型冷库（冷藏间容积大于 20000 立方米）有 104 家，占比 27.4%。近年来随着冷链物流需求规模的不断扩大，部分利用原有厂房、仓库改建的中小冷库，以及围绕在一些大型农贸批发市场周边的小微型冷库也在不断出现。2021 年冷冻库已经突破 1000 万立方米，为服务上海港进口冷链食品，辐射长三角提供了有力的物资储备保障。

在冷藏车保有量方面，2018 年冷藏车保有量达到 7815 辆，自 2019 年上海率先实施淘汰不符合环保指标的国三柴油车以来，冷藏车的保有量有所下降，2020 年冷链专用车辆下降至 6410 辆，但依然位于我国前列。随着新能源车辆的发展壮大，上海市部分冷链物流企业正在进行新购车辆的计划，2021 年冷藏车保有量从减少开始向增加转变，增至 6540 辆，未来冷藏车保有量将处于增长态势（见表 6 - 2）。冷藏车的稳步增长也将为上海及长三角地区其他城市的冷链产品提供城际调拨服务，保障冷链物流的畅通流转。

表 6 - 2　　　　　　　　2018—2020 年上海市冷库、冷藏车情况

年份	总体量 （万立方米）	冷冻库仓储体量 （万立方米）	冷藏库仓储体量 （万立方米）	冷藏车（辆）
2018	985	763	222	7815
2019	1128	836	292	7500
2020	1407.6	1023.5	384.1	6410
2021	—	—	—	6540

（二）政府相关支持政策

冷链物流的发展离不开政府的正确引导，上海市为促进冷链物流的健康发展，从规划、经济、道路建设等方面出台政策助力冷链物流的高质量发展。上海市是自 2020 年以来发布冷链物流相关政策数量较多的省市之一，2021 年政策的发布也在持续助力冷链物流的发展。随着《国务院办公厅关于印发"十四五"冷链物流发展规划的通知》的发布，上海市将持续推进冷链物流向着高质量的方向发展。

上海市作为经济高质量发展的城市，冷链基础设施相对完善，因此在政策支持冷链物流发展方面偏向于促进冷链流通、培育扶持龙头企业的发展，且多趋向于通过综合考虑冷链物流的基础设施、区位、特色产品生产布局以及消费水平和消费习惯等因素，完善城市冷链物流的空间布局。近几年受新冠肺炎疫情的影响，有关冷链中的疫情防控措施等政策也频频出台，以保障冷链物流持续健康高质量的发展。上海市冷链物流行业相关政策如表 6 - 3 所示。

表 6 – 3   上海市冷链物流行业相关政策

序号	发布时间	发文机构	政策文件名称	内容概要
1	2018 年 7 月	上海市食品药品安全委员会	《上海市食品药品安全委员会关于印发〈2018年上海市食品安全重点工作安排〉的通知》	完善农产品冷链物流标准体系，开展农产品冷链流通标准化试点。推进农村食品安全治理工程，完善农村食品市场配送体系，推进农村食品安全示范店建设。加强农家乐、民宿餐饮服务、农村集体聚餐等食品安全监管，推进食品安全责任保险全覆盖
2	2019 年 5 月	上海市人民政府办公厅	《上海市人民政府办公厅关于印发〈上海市推进运输结构调整实施方案（2018—2020年）〉的通知》	深化铁路运输挖潜提效。加强精细化调度组织，提高运输效率，压缩运输时限，实现运输服务的准时制、快捷化、差异化，积极推进与物流企业融合发展，积极开行如集装箱、冷链、商品车等有特色的多式联运专列
3	2020 年 4 月	上海市人民政府办公厅	《上海市人民政府办公厅关于印发〈上海市促进在线新经济发展行动方案（2020—2022年）〉的通知》	支持企业提升生鲜产品周转数字化管理能力，发展制冷预冷、保温保鲜等技术，规模化布局冷链仓储设施，建立产品流动和可溯源性信息平台，推进生鲜、农产品标准化建设，进一步提升食品安全
4	2020 年 5 月	上海市人民政府	《上海市人民政府关于印发〈上海市推进新型基础设施建设行动方案（2020—2022年）〉的通知》	加快布局冷链物流末端设施，三年内建设300个社区生鲜前置仓，3个城市分选中心
5	2020 年 8 月	上海市市场监督管理局	《上海市市场监督管理局关于加强冷链食品生产经营企业疫情防控和食品安全信息追溯管理的通知》	督促企业落实疫情防控和食品安全主体责任，要以从事冷链食品生产经营企业为重点场所，以冷藏冷冻肉类、水产品为重点品种，加强冷链食品生产、加工、储藏、运输、销售等各环节的疫情防控和食品安全信息追溯管理
6	2020 年 9 月	上海市农业农村委员会	《上海市农业农村委员会关于印发〈上海市农业部门秋冬季新冠肺炎疫情防控工作方案〉的通知》	强化冷链动物产品加工企业落实进货查验、环境清洁消杀、动物产品加工管理及人员防护等措施，积极配合做好动物产品风险防控的溯源工作

序号	发布时间	发文机构	政策文件名称	内容概要
7	2021 年 7 月	上海市人民政府	《上海市乡村振兴"十四五"规划》	布局一批规模适度的农产品预冷、贮藏保鲜等初加工冷链设施。聚焦蔬菜生产保护区和农业绿色生产基地，发展"全程机械化＋综合农事"服务，服务覆盖率达85%

（三）冷链物流发展成果

1. 冷链企业竞争力强大

上海市在经济和政策的双重支持之下，培育了一批冷链物流行业的重点企业，2021年上海市冷链物流行业重点企业共有 122 家，位居全国第三。在 2020 年中物联冷链委评定的冷链物流企业 TOP 10 中有四家企业位于上海，上海市冷链物流行业企业在数量与实力方面均位于发展前列。冷链物流企业的发展壮大，也为上海市冷链物流的发展提供了强有力的支持。

2. 冷链物流末端前置仓布局加快

前置仓的诞生解决了城市冷链宅配对温控产品快速响应的要求，并对食材品质提供保障。在上海，前置仓已经成为消费品类末端配送的重要组成部分，尤其在鲜奶制品、生鲜果蔬、冰鲜产品等冷链物流方面发展较快，迅速形成规模，其中以"叮咚买菜""光明奶站"为主导的专业型前置仓发展最为典型，为市民提供冷链到家的便捷化服务。上海支持温控末端配送的前置仓主要分为以下几类（见表 6－4）。

表 6－4　　　　　　　　上海市温控末端配送前置仓分类与标记

类型		制冷设备	制冷面积
A	A1	冷库	50m² 以下
	A2	冷库	50 ~ 500m²
B	B1	冷柜	200m² 以下
	B2	冷柜	200 ~ 500m²

注：既有冷库又有冷柜的前置仓纳入 A 类前置仓管理。

2021 年 2 月底，上海市支持冷链的前置仓达到了 1000 家，并在不断增加。2020 年上海市人民政府印发的《上海市推进新型基础设施建设行动方案（2020—2022 年)》中提出要加快布局冷链物流末端设施，三年内建设 300 个社区生鲜前置仓，3 个城市分选中心，生鲜前置仓的规模将不断扩大，未来上海市的生鲜前置仓将助力冷链物流末端快速发展，完善冷链物流的全链条布局。

3. 医药冷链设施完备

上海医药冷链物流的发展水平位居全国前列。上海本地主要的医药物流仓储配送企业包括：上海医药物流中心有限公司、国药集团医药物流北京有限公司上海分公司、上海九州通物流有限公司。三家企业医药物流 GSP 认证仓库共计约 60 万立方米，涵盖阴凉库、冷库等不同温区。

4. 进口冷链疫情防控完善

（1）实现"三点一库"闭环管控。

为进一步防范进口冷链食品疫情输入风险，实现"三点一库"闭环管控的精准与高效，上海探索建立了"沪冷链"信息系统。"沪冷链"信息系统对接口岸查验点的查验信息、运输提货点的提货数据、交通运输数据（GPS 数据）、第一存放点的进出货追溯信息，以及中转查验库的消杀及核酸检测信息等数据，实现各部门间的数据互通、信息共享，可以实现进口冷链食品闭环管控和智能化管理。"沪冷链"信息系统通过微信小程序来实现企业端与监管端的连接，推动企业责任落实主体，各个冷链运营者通过企业端上传人员健康、冷链企业信息、检测消杀、追溯信息管理等信息。同时，监管部门则可以通过监管端，及时掌握冷链企业相关疫情防控信息，及时发现问题，实现对冷链物流的全流程监管追溯。2021 年，全市已有 7800 余家进口冷链食品生产经营企业及第三方冷库注册使用"沪冷链"信息系统，上传相关追溯信息 62 万余条。

（2）严格落实进口冷链食品"三专、三证、四不得"。

新冠肺炎疫情以来，冷链食品的进口成为疫情传播的高发地，上海市为进一步加强进口冷链食品管理，加强对食品经营单位（包括食品销售经营者、餐饮服务经营者、第三方专业贮存冷库等）的督促与管控，提出并落实了"三专、三证、四不得"的工作要求。"三专"即对进口冷链食品实行专用通道进货、专区存放、专区销售；"三证"即对购进的进口冷链食品认真查验进口冷链食品检验检疫合格证明、核酸检测证明、消毒证明；"四不得"即对无检验检疫合格证明、无核酸检测证明、无消毒证明、无追溯信息的进口冷链食品，一律不予生产加工和上市销售。

（四）冷链物流发展趋势

1. 以加快建设冷链物流基础设施完善产业链

在长三角一体化发展的进程中，上海市冷链物流产业规模不断扩大，要进一步加快冷链物流基础设施升级改造步伐。鼓励改造和建设适应现代流通和消费需求的保鲜、冷藏、冷冻等基础设施，成为完善冷链物流产业链发展的重要举措。补齐短板，加快布局规模适度的农产品预冷、贮藏保鲜等初加工冷链设施。

2. 以加大数字化、智能化应用提升农产品附加价值

随着互联网、大数据、云计算在各行各业的广泛应用，上海市冷链物流企业也加快了科技投入，依托农产品供应链、价值链，将数字技术与智能技术融入农产品的采购、分级加工、储藏、运输和市场监测的各个环节，推进冷链物流的全链条智能化发展，提升农产品附加价值与竞争力。

3. 以推广新模式、新业态培育企业发展竞争力

得益于交通及经济的发展，上海市生鲜电商市场发展水平位于全国前列。受新冠肺炎疫情的影响，越来越多的市民由线下采购生鲜食品转为线上，以叮咚买菜、盒马鲜生为主的生鲜电商得到快速发展，在行业发展快速增长的阶段加速培育了一批龙头企业。

4. 以制定各类标准、落实监管推动产业规范发展

随着上海市冷链物流行业的快速发展，为保障冷链物流持续健康的发展，上海市市场监督管理局加强对行业的规范化发展引导，出台一系列地方标准。同时，相关行业团体和企业也积极参加团体标准与企业标准的制定。通过鼓励企业、团体和地方政府加快标准的制定，落实标准的实施，将有效推动上海市冷链物流行业规范化发展和提升冷链物流企业竞争力。

二、广州市冷链物流发展

（一）冷链物流需求与现状

广州市作为珠三角、粤港澳和广佛都市圈经济发展的核心，是整个华南地区物资集散流通的主要节点和对外通商口岸。广州市对于生鲜食品需求量日益增大，对食品的多样性、新鲜度和营养性等方面提出了比之前更高的要求。

2021 年，广州市常住人口 1881 万人，地区生产总值 28232 亿元，同比增长 8.1%，广州城镇居民人均消费支出 47162 元，同比增长 6.5%，两年平均增长 2.3%。农村居民家庭人均消费支出 26099 元，同比增长 13.5%，两年平均增长 7.6%。2021 年全市蔬菜总产量 403.84 万吨，同比持平；生猪出栏 61.56 万头，同比增长 46%，屠宰量约 660 万头。目前全市生猪生产量和屠宰量稳定，日均生猪屠宰量稳定在 2.2 万头左右，市场生猪供应平稳、充裕。蔬菜在田面积为 27.9 万亩，日产量约 8000 吨，田头冷库蔬菜存储量约 450吨，日供蔬菜量维持稳定。随着生鲜农产品的产量、需求量以及进入流通领域的量不断增长，冷链物流需求快速提高。《国务院办公厅关于印发"十四五"冷链物流发展规划的通知》等政策的发布，促进了冷链物流业的降本增效、推进了大型冷库的建设并且加强了城市配送，广州市冷链物流布局日益完善。

2020 年，广东省冷库容量有明显提升（见图 6 – 5）。2021 年广东省冷库容量 455 万吨，人均冷库容量为 0.242 吨/人（见图 6 – 6），远高于全国人均冷库容量 0.037 吨/人，位居全国第二。

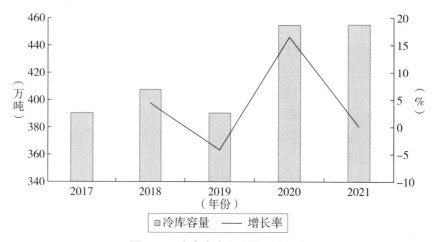

图 6 – 5　广东省冷库容量及增长率

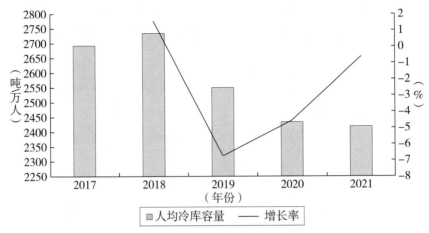

图6-6　广东省人均冷库容量及增长率

2021年广州市共有172个冷库，其中，面积为1000 m² 以下的冷库数量最多，共有67个，占冷库总数量的39%；面积为12000～20000 m²的冷库数量最少，共有12个，占冷库总数量的7%（见图6-7）。

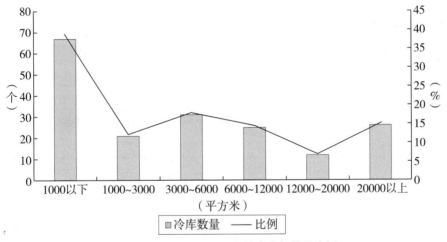

图6-7　广州市不同面积的冷库数量及比例

广东省是国内冷库物流的"重仓之地"，以近40万平方米的存量规模遥遥领先于国内其他地区。广东省内拥有逾1700个冷库，超过1万台冷藏车，340万吨冷库总容量。广州市冷库容量超过110万吨，拥有冷藏车约1800台，其中5000吨以上规模冷库62个，冷链物流相关企业超过100家，是名副其实的冷链产业的资源高地。广州市主要冷库分布及储藏能力类型如表6-5所示。

表6-5　　　　　　　　广州市主要冷库分布及储藏能力类型

序号	辖区	名称	冷库容量（吨）	经营范围
1	黄浦区	广东太古冷链物流有限公司	40200	速冻食品
2	荔湾区	广东广弘食品冷冻实业有限公司	30000	猪副、鸡副、牛羊肉

续 表

序号	辖区	名称	冷库容量（吨）	经营范围
3	白云区	广州江南果菜批发市场有限责任公司	15000	蔬菜、水果
4	番禺区	广东伟发冷库	15000	速冻食品、肉类
5	黄埔区	康新物流广州分公司	15000	奶酪、雪糕、水饺等无味食品
6	荔湾区	广州食品企业集团有限公司广州冷冻厂	14000	肉、禽、鱼
7	荔湾区	广州蔬菜果品集团有限公司果菜贸易储运分公司	12000	水果、副食品
8	白云区	广州诚晖冷冻食品物流有限公司	12000	海味、干货
9	番禺区	新昌冷库	12000	冷肉、鸡
10	白云区	广州市白云区东旺批发市场有限公司	11000	冷肉、水产品、干货、蔬菜、水果等
11	番禺区	番禺大业冷冻食品仓储有限公司	10000	冷冻食品、干货
12	番禺区	广州市番禺区沙头街禺山冷库	10000	冷肉、鸡
13	黄浦区	广州广裕仓储有限公司	10000	番茄酱罐头
14	白云区	广州粤豪冷冻食品仓储贸易有限公司	9000	水产品、冻肉、鸡蛋、农副产品
15	黄埔区	广州鼎丰水产食品开发有限公司	9000	果汁、雪糕、水产品
16	番禺区	意露（广州）冷藏有限公司	8000	雪糕、点心
17	番禺区	恒业冷库	8000	冻肉、水产品
18	白云区	广州白云冷冻厂有限公司	8000	肉类、干货

（二）政府相关支持政策

2021 年，广州市商务局印发《广州市"十四五"供应链体系建设规划》，在标准化、平台化、协同化、智能化、绿色化等方面论述了广州市供应链体系建设的发展趋势，并提出规划定位：至 2025 年，将广州市打造成为亚太供应链组织管理中心；至 2035 年，将广州市打造成为国际供应链组织管理中心。在建设目标指标体系"民生安全"中，提出至 2025 年，库容 1000 吨以上规模的冷库库容为 150 万吨，大型冷链物流枢纽数量增至 2 个，并在加快冷链设施网络建设、增强冷链服务供给能力方面提出了具体工作措施（见表 6 - 6）。

表 6 - 6　　　　　　　　　广州市冷链发展支持政策

序号	发布时间	发文机构	政策文件名称	内容概要
1	2021 年 10 月	广州市商务局	《广州市"十四五"供应链体系建设规划》	在标准化、平台化、协同化、智能化、绿色化等方面论述了广州市供应链体系建设的发展趋势，并提出规划定位

序号	发布时间	发文机构	政策文件名称	内容概要
2	2019 年 1 月	广州市商务委	《关于促进食品冷链物流发展的若干措施》	加强冷链物流基础设施网络建设，加快培育冷链物流市场主体，鼓励冷链物流技术装备和经营模式创新，建立健全冷链物流标准化和服务规范体系，完善重要品种冷链物流体系，加快推动冷链物流信息化建设
3	2019 年 4 月	广州市人民政府办公厅	《广州市人民政府办公厅关于印发〈广州市完善促进消费体制机制实施方案（2019—2020 年）〉的通知》	加快完善城市配送物流网络体系，开展城市配送节点的升级改造工作，推动整体物流配送网络建立。加强冷链物流基础设施网络建设，鼓励农产品产地建设规模适度的冷链设施
4	2017 年 1 月	广州市邮政管理局	《广州市邮政业发展"十三五"规划》	鼓励快递企业面向冷链快递市场的专业化需求，加速冷链快递服务发展，建设企业冷链集散中心，完善冷链快递配送基础设施建设，提升冷链快递专用配送车辆的性能，提升冷链快递配送规模与品质。打造个性化、多样化新型冷链快递服务，绿色、环保、优质、安全的冷链快递产品，提供小批量、多批次、保温、准时、"门到门"的全程冷链运输服务

（三）冷链物流发展成果

1. 冷链物流技术设备加快推广应用

广州市积极引进智能仓储管理系统（WMS）等先进技术，新建冷库、生鲜食品加工中心。冷链企业的信息化管理系统、视频监控系统等信息化应用程度也在不断提升。

广州市有一定规模的冷链设施、设备、软件的供应商共计超过 90 家，为冷链物流发展提供了良好的保障。市内大部分冷库、冷藏车采用了可调控温度技术，根据储存商品的需求进行温度调控，并可实行远程监控。冷库运用了视频监控管理、条码管理技术进行管理，实现商品临期报警，冷藏车安装了 GPS 管理系统，实现远程、实时监控。部分企业引入了智能机器人进行商品管理，有效降低了商品损耗，提高企业工作效率和经济效益。

2. 集中监管仓全面启用

2021 年 1 月，广州市启用在荔湾、白云、番禺、黄埔、南沙等区设立的 28 个进口冷冻食品集中监管仓，统一精准监管流入广州市的进口冷冻食品。严格把控"相对集中、驻场监管、电子溯源、每件必检、件件消毒、合格出库"六道关口，实现全流程全链条闭环监管。

对于需要进入集中监管仓的进口冷冻食品，货主应提前按要求向各集中监管仓预约（可通过电话、微信等方式），报备货主、报关单、车辆、司机及随车人员、货物流向等信息，并与工作人员约定运输车辆进入集中监管仓的具体时间。

进口冷冻食品进入集中监管仓后，按照"预约入库、采样消毒、入库贮存、核酸检测、凭证出库"的规范流程，入仓前做到"每件必检""件件消毒"，同时录入进口冷冻食品电子溯源信息。

2021年8月，广州市市场监督管理局发布《广州市新型冠状病毒肺炎疫情防控指挥部关于进一步加强进口冷冻食品集中监管的通告（第24号）》，对广州市进口冷冻食品集中监管仓进行优化调整（见表6-7）。

表6-7 广州市进口冷冻食品集中监管仓名单

序号	辖区	名称	地址
1	白云区	广州安得利金盘冷冻食品有限公司	广州市白云区大源南路1号
2	黄埔区	广州市澳兴冷链供应有限公司	广州市广州保税区保环东路103号
3	番禺区	广州市保满商贸有限公司	广州市番禺区沙头街桥兴大道989号之7-101
4	番禺区	广州市番禺区沙头银隆仓库	广州市番禺区沙头街市广路大罗新厂区
5	南沙区	广州海新冷冻仓储有限公司	广州市南沙区龙穴岛龙穴大道中125号

3. 冷链配送车统一标志标识

2020年1月8日，广州冷链行业协会举行广州市冷链配送车辆统一标志标识发布会。冷链配送车辆标志由字母"C"和小雪花组成，代表冷链；车身左右两侧均有代表该车厢的温度级别；车后门左上方有车辆所属企业的标识，右上方则是冷链配送的标志；车后门下方有两个备案码，右边的是广州冷链行业协会的备案码，左边则是企业的备案码，包括企业名称、联系电话、冷链配送车辆的车牌号等。

统一标志标识的冷藏车，装有GPS、车厢温度感应系统、车辆载重系统。车辆24小时处于监控状态，其数据可传送至广州市城市配送物流监管平台与广东冷链公共服务管理平台，实现实时掌握冷链配送企业的车辆运行情况。

4. 冷链仓库及分拨中心

2021年11月广州市南沙冷链物流分拨中心首次参加进博会，该仓是目前全国最大临港冷链仓库群及综合性冷链物流分拨基地。南沙国际物流中心项目整体位于广州南沙龙穴岛南沙三期集装箱码头内陆侧，分为南、北两区建设，总建设面积约为95万平方米，总体仓容71.2万吨，是目前全国最大的临港仓库群。

北区工程建筑面积31.4万平方米，总投资近17亿元。其总体思路是打造广州港湾区国际集拼中心，业务功能以出口为主、进口为辅。该项目投产后将形成巨大辐射的"磁场效应"，在100公里范围内覆盖粤港澳大湾区和珠三角主要城市。北区内设有连接南沙港铁路的南部集装箱装卸场，可以顺利实现与港区间的无缝衔接。

（四）冷链物流发展趋势

依据国家有关法律法规、《广东省人民政府办公厅转发国务院办公厅关于加快发展冷链物流保障食品安全促进消费升级意见的通知》（粤府办〔2017〕44号）等文件要求，广州市商务委于2019年1月印发《关于促进食品冷链物流发展的若干措施》。

1. 加强冷链物流基础设施网络建设

加快建设重点冷链物流园区和冷链物流中心，重点建设北部白云区江高镇、南部番禺区大罗塘2个农产品综合冷链物流园区，以及空港、黄埔、南沙、大田、番禺、江高、新塘、鳌头8个农产品冷链配送中心，拉动冷链物流产业集聚发展。提高快速配送处理能力，实现生产与流通相衔接的高效、集约和规模化经营。推动农产品冷链物流农村节点建设，鼓励农产品产地田头、屠宰厂（场）建设规模适度的预冷、贮藏保鲜等初加工冷链设施，加强先进冷链设备应用，加快补齐农产品产地"最先一公里"短板。

2. 加快培育冷链物流市场主体

培育和引进具有核心竞争力的大型冷链物流企业，鼓励冷链配送企业向社会化、专业化转型。根据有关标准，通过鼓励、引导和扶持等手段，推动企业开展质量认证、信用等级评定和国家A级物流企业、星级冷链物流企业评估。培育一批经济实力雄厚、经营理念和管理方式先进、主业突出、服务水平高、核心竞争力强的大型冷链物流企业。

3. 建立健全冷链物流标准化和服务规范体系

鼓励行业协会和骨干龙头企业大力开展团体标准工作，积极参与国家、行业等各级标准研制，鼓励大型商贸流通、农产品加工等企业制定高于国家和行业标准的企业标准。推进生鲜食品加工与包装、冷库储藏、冷链运输等环节的标准化，规范冷链物流服务管理。鼓励企业加快对原有陈旧设施、装卸运输工具的标准化改造，推广和应用标准化的冷链物流设施和设备。

4. 完善重要品种冷链物流体系

大力推动肉类农产品、水产品冷链物流体系建设，逐步推进果蔬冷链物流体系建设。发展覆盖肉类农产品、水产品生产、储存、运输及销售整个环节的冷链，建立全程"无断链"的肉类农产品、水产品冷链物流体系。在城市中心、沿海出口区域加快冷链配送中心建设，引导农产品生产企业、商贸流通企业、批发市场拓展检测、包装、加工、分选、配送等业务，推动跨区域反季节蔬菜、特色果品的冷链物流体系建设。

5. 加快推动冷链物流信息化建设

推进冷链物流公共服务平台建设，支持冷链物流企业信息化建设。支持第三方机构建设冷链流通公共服务平台，通过运用计算机技术、无线通迅技术、地理信息技术、物联网技术以及互联网技术，对农产品、易腐食品冷链流通过程中温度等信息进行全程监控、记录和管理，满足储存、运输、销售过程中温度跟踪、监测与预警的要求。

三、深圳市冷链物流发展

（一）冷链物流需求与现状

深圳地处珠江水系主要出海口，与东莞、惠州以及香港相连，是珠江三角洲经济带的重要组成部分，有着众多海湾以及绵延的海岸线，是连接港澳地区与内陆地区经济、文化等交流的桥梁。特殊的地理位置决定了深圳也是冷链物流发展"特区"，一是深圳是跨国企业中国总部的聚集地，大量的外籍员工对进口食品以及满足国际操作和安全标准的国内食品有着较高的需求，加上居民平均收入高，深圳本地市场的相关需求也很大；二是来自全国的出口冷冻产品大部分通过深圳流向世界各地，来自世界各地的冷冻食品也通过深圳港口辐射周边地区，这些因素促进了深圳冷链物流发展。

2021 年，深圳市常住人口 1768.16 万人，实现地区生产总值 30664.85 亿元，比上年增长 6.7%，居民人均消费支出 46286 元，增长 14.1%，全年居民消费价格比上年上涨 0.9%。全年农作物播种面积 16.33 万亩，比上年下降 3.5%，其中，蔬菜播种面积 13.37 万亩，下降 2.5%。水果播种面积 5.17 万亩，下降 13.2%。全年蔬菜产量 16.83 万吨，增长 4.4%；水果产量 4.30 万吨，下降 5.4%。2021 年，深圳第一产业增加值为 26.59 亿元，增长 5.1%，在深圳经济结构中所占比重小，意味着深圳所需的农产品大部分需要从外地引进，深圳食品消费量大，推动冷链物流快速发展。为保障生鲜食品安全及质量，深圳市全面推动"食品安全战略工程 供深生鲜食品冷链运输智慧监控系统建设项目"，构建冷链物流标准体系，印发《深圳市深入推进"互联网 + 流通"行动计划实施方案》和《深圳市 2019 年食品安全重点工作安排》。推进冷链运输环节信息化监管和信息化追溯体系建设。开展深圳市冷链物流体系发展规划研究，重新规划物流园区，用公益仓、公共仓的模式建设分拨中心，并强化社区"最后一公里"配送建设。

随着深圳城市化进程的加快，农产品需求不足问题突出。深圳市通过采取以下措施解决农产品需求不足问题。一是以大型农批市场弥补本地农产品生产不足。深圳海吉星国际农产品物流园是深圳市政府规划的唯一的一级农产品批发市场，是深圳市重点农业龙头企业，占地面积 30.3 万平方米，规划建筑面积 82 万平方米，投资总额 20 亿元。二是从生产到供应全链条助力帮扶。《深圳市人民政府办公厅关于印发深圳市创建国家消费帮扶示范城市工作方案的通知》中提出，进一步完善利益联结链条，广泛运用现代交易方式和流通模式，培育更多价格优、质量好、市民群众认可度高的消费帮扶农产品。三是以"菜篮子"工程保障本地食品供应质量安全。从 2014 年深圳市实施"菜篮子"基地认定工作以来，现有市级"菜篮子"基地 191 个。其中，蔬菜水果基地 66 个、畜禽蛋奶基地 11 个、水产基地 11 个、农产品加工配送基地 100 个、农产品流通基地 3 个，为保障深圳市菜篮子市场有效供应发挥了重要作用。

物流业作为深圳四大支柱产业之一，已形成一定产业规模。目前深圳冷藏库集中分布在笋岗、西丽、南山、盐田和龙岗等地，冷库容量超过 25 万吨。其中，笋港物流园区冷库容量超过 5.3 万吨。深圳市主要冷库分布及储藏能力类型如表 6－8 所示。同时，深圳拥有冷链运输车辆 5500 台，一半车辆集中在大型专业的冷链物流公司，如雨润食品、小田物流、曙光物流、东方海外等。

表6-8　　　　　　　　　　　深圳市主要冷库分布及储藏能力类型

冷库名称	冷库地址	冷库容量（吨）	冷库类别	主要储存货物类型
深圳曙光冷库	深圳市南山区沙河西路	6000	8个低温库、2个高温库	米面食品、冷冻肉、速冻水产品
招商局国际冷链公司——华南冷库	深圳市蛇口南港大道	20000	高温库8000吨、低温库12000吨（含3000吨定点仓）	各类水果、蔬菜、药材、香菇类干货及各类冻肉、冻海产品、速冻食品、雪糕等低温产品
深圳澳昌冷库有限公司	深圳市罗湖区清水河仓库区五路	7000	低温库6000吨、高温库1000吨	—
深圳市深隆发水产冷库有限公司	深圳市罗湖区文锦北路洪湖二街	5000	—	速冻水产品
中粮冷藏	深圳市罗湖区清水河四路	80000	20000吨高温库、60000吨低温库	冻肉、水果
深圳市瑞源物流有限公司兴明达冷库	盐田港后方陆域23号小区	20000	—	速冻水产品、冻肉、鸡副产品
布吉农批市场	深圳市罗湖区布吉路	8000	2个高温库、2个低温库、3个变温库	蔬果、冷冻肉、速冻水产品

（二）政府相关支持政策（见表6-9）

表6-9　　　　　　　　　　　深圳市冷链发展支持政策

序号	发布时间	发文机构	政策文件名称	内容概要
1	2021年7月	深圳市人民政府办公厅	深圳市人民政府办公厅印发《关于促进消费扩容提质创造消费新需求的行动方案（2021—2023年）》的通知	加快提升冷链物流服务水平。完善冷链物流业扶持政策，培育一批具有核心竞争力、综合服务能力强的冷链物流企业，提高冷链物流运作效率。加快建设大容量、立体式、智能化的冷链仓库群及综合性冷链物流分拨基地，推动形成完整冷链物流分拨体系，降低生鲜产品物流综合成本。支持航运企业开辟冷链航线、扩充冷链运力

续　表

序号	发布时间	发文机构	政策文件名称	内容概要
2	2020 年 2 月	中共深圳市委、深圳市人民政府	中共深圳市委 深圳市人民政府关于统筹推进疫情防控和经济社会发展工作的若干措施	完善物流配送网络，加大冷链物流、仓储等物流设施投入力度
3	2019 年 5 月	深圳市人民政府办公厅	深圳市人民政府办公厅关于印发深圳市2019 年食品安全重点工作安排的通知	按照全市"严禁活禽宰杀交易、市外集中屠宰、全程冷链配送"的要求，推进家禽"集中屠宰、冷链配送、生鲜上市"工作升级换代，先立后破，保障生鲜家禽产品市场安全供给。实施进口食品安全放心工程、出口食品质量竞争力提升工程
4	2017 年 1 月	深圳市交通运输局	深圳市现代物流业"十三五"规划	加强骨干物流网络与城市共同配送体系建设，鼓励发展智能快件箱、冷链储藏柜等新型社区配送设施，形成层级合理、规模适当、需求匹配的物流仓储配送网络，提高"最后一公里"的配送能力；以农产品物流园区、农产品冷链、农产品批发市场为重点，加强鲜活农产品物流设施建设，提升批发市场等重要节点的冷链设施水平，创新农产品流通方式，打造深圳现代物流创新发展新亮点
5	2017 年 1 月	深圳市人民政府办公厅	深圳市人民政府办公厅关于印发《深圳市深入推进"互联网＋流通"行动计划实施方案》的通知	发展生鲜冷链物流等专业配送服务。鼓励配送企业与电商平台开展合作，在快速消费品、生鲜农副产品、食品、药品等领域，探索开展共同配送、冷链配送、个性化配送，建设冷链储运中心。支持全程冷链系统和冷库等设施设备更新改造，培育一批装备优良、管理先进、服务优质的专业化冷链配送企业，充分利用信息技术和物联网技术，提升冷链设施利用率和配送能力。加强冷链物流的标准化建设，提升专业配送的服务水平

（三）冷链物流发展成果

1. 冷链物流标准体系

深圳市作为华南地区较大的货物集散中转地之一，冷链物流市场需求大，冷链物流标准体系建设逐步完善。其较早地开始制定冷链物流技术与管理标准，规范冷链运作过程中不合理现象。在 2011 年 7 月出台了首个冷链物流地方标准——《食品冷链技术与管理规范》，并发布《深圳市冷链物流发展规划》，对冷链、冷冻食品、冷藏食品等术语进行了定义，在此基础上按照冷链运作流程，从包装、运输、储存、分拣、配送以及批发与零售每个环节均制定了规范的操作要求，深圳全市于 2015 年强制执行冷链物流标准。

2. 海关冷链查验管理水平

海关冷链查验管理水平明显提升。2018 年 12 月 5 日，深圳首个设置在监管场所内的海关冷链查验平台在盐田港建成并投入使用，这也是国内首个"关区内冷链专用查验平台"，意味着以往监管区外租用企业冷库进行查检的模式成为历史。该平台采用全封闭式设计，配备专业空间温控设备，能提供 12℃恒温环境，还配套建设无菌采样间、感官实验室、货检 X 光机、查验单兵作业系统等设施设备，可同时供 16 个集装箱进行查检作业，满足冻肉、食品、水果等货物查验的作业环境和食品安全卫生需求。把冷链查验平台设置在监管区内进行封闭管理，进出口冻品、水果的企业不用再往返出入监管区进行查检，吊柜、托运成本的缩减幅度在 50% 以上，通关时间也有大幅缩减。同时，货物在查检过程中因环境产生的食品卫生安全风险将得到有效控制，这意味着今后企业在海运渠道进出口冻品、食品和水果等货物将享受到更专业、更安全、更便利的通关环境。

（四）冷链物流发展趋势

1. 优化基础设施建设布局

深圳作为国际化大都市，食品农产品基础设施还存在薄弱环节，市政府及有关部门需更加重视，对未来发展视角着力在产业用地、资金渠道等重点难点上做出顶层布局。加大对国家骨干冷链物流基地、产销冷链集配中心等大型冷链物流设施建设的支持力度，统筹做好冷链物流设施布局建设与国土空间等相关规划衔接，保障合理用地需求，落实物流企业冷库仓储用地指标增量。同时，优化营商环境，保障各项便利政策落到实处，确保冷链仓储物流项目按规定享受城镇土地使用税优惠政策。

2. 扶持本地冷链物流骨干企业

培育龙头冷链物流企业，拓展服务网络，提升市场集中度，打造一批知名服务品牌。依法合规推动冷链物流平台企业发展，扩大冷链资源要素组织规模和范围，提升冷链物流组织化、规模化运营能力。在供应链金融领域进一步创新发展，完善配套金融服务，支持实体企业投融资需求，在冷链物流领域设立产业基金，在专项贴息、低息贷款、投融资配资等方面给予支持，进一步加大进出口贸易流量补贴力度。

3. 推动冷链物流面向国际市场

龙头冷链物流企业深度参与全球冷链产品生产和贸易活动，强化境内外冷链物流、采购分销等网络协同，提升冷链供应链的国际竞争力和话语权。鼓励本地冷链物流企业与贸易企业等协同打造深圳标准体系，支持冷链物流相关产业国际化展会入驻深圳。围绕国内、国际冷链食品等优势产区，积极布局冷链物流设施，提升深圳冷链物流国际化发展水平。

第三节　国外冷链物流发展情况

一、美国冷链物流发展情况

（一）冷链物流发展阶段

美国是较早发明制冷技术的国家之一，其冷链物流发展较早，因而已经形成十分完善的冷链物流系统，冷链物流的发展处于世界领先地位，从农副产品收获和加工生产到贮藏销售，已经形成一条基本完整的冷链。其冷链物流发展至今共经历了以下四个阶段。

第一阶段：起步发展阶段（1930—1950 年）。19 世纪上半叶，冷冻机的发明使各种保鲜以及冷冻食品进入消费市场。20 世纪 30 年代，便携式空气冷却装置的出现推动了冷链运输的发展，该阶段冷链技术的发展推动着冷链物流业的兴起。

第二阶段：恢复发展阶段（1951—1970 年）。1951—1970 年，政府加强了对经济的调控来改善人民生活，该阶段美国经济呈现持续增长的趋势，带来了大量的餐饮及冷冻食品的需求，冷链物流市场需求不断扩大。同时，1956 年美国颁布《州际公路法》，41000 公里的州际公路的建设为冷链物流的发展提供了良好的基础设施建设，冷链物流的发展进入了新的阶段。

第三阶段：快速发展阶段（1971—2000 年）。20 世纪 80 年代，美国政府制定了一系列的法规以促进物流业的发展，进一步放宽了对铁路、公路和航空等运输市场的管制，旨在建设更加经济、安全、快捷的物流运输系统，这一系列的举措为冷链物流的发展营造了良好的市场发展环境。进入 90 年代后，美国则受益于全球化的发展，经济及人口进入了高速发展阶段，餐饮业规模不断扩大，冷冻食品的需求剧增，冷链物流规模进一步扩大。1997 年美国已建成的高速公路总长达 89203 公里，其铁路、公路网络几乎贯通美国所有大中小城市。冷链物流需求的剧增与强大的运输网络合力推动了冷链物流行业进入较快发展期。

第四阶段：稳定发展阶段（2001—2021 年）。进入 21 世纪，由于美国国民的消费水平不断上升，消费结构开始转型，对高品质食物如有机蔬菜、水果、生鲜以及乳制品等需求不断上涨，推动了冷链物流需求的稳定增长。多年来物流网络的不断完善、冷链物流标准体系的建设以及冷链需求的稳定增长使美国进入了冷链物流的稳定发展阶段。

（二）冷链物流发展现状

美国冷链物流发展至今，其冷链物流规模、整体基础设施、设备和技术甚至是冷链物流企业的发展等都处于世界前列。美国冷链物流的发展离不开发达的交通网络、完善的标准体系、政府的有力支持，现阶段美国冷链物流基础设施建设成熟。

1. 美国冷库及冷藏车情况

北美冷链物流行业保持稳健增长态势。从行业规模来看，北美冷链物流行业规模预计到 2024 年将达到 1426 亿美元，2019—2024 年的复合增速达到 9.7%，保持稳健增长态势。北美冷链物流规模占物流行业总规模比重逐年上升，预计到 2024 年占比将达到 11.9%。

在 2020 年国际冷藏仓库协会（IARW）发布的全球 25 强中，美国占据 10 个席位（见表 6－10）。

表 6－10　　2020 年美国跻身 IARW 全球 25 强的十大冷藏仓储物流供应商名单

排名	公司名称	所在国家	总库容（立方米）
1	Lineage Logistics	澳大利亚、比利时、中国、丹麦、荷兰、新西兰、秘鲁、斯里兰卡、英国、美国、越南	50661616
2	Americold Logistics	阿根廷、澳大利亚、加拿大、中国、新西兰、美国	31426688
3	United States Cold Storage	美国	10590159
4	AGRO Merchants Group, LLC	澳大利亚、奥地利、智利、爱尔兰、荷兰、波兰、葡萄牙、西班牙、英国、美国	6865163
5	NewCold Advanced Cold Logistics	澳大利亚、法国、德国、波兰、英国、美国	5510621
7	Kloosterboer	加拿大、法国、德国、荷兰、挪威、南非、瑞典、美国	4847354
9	Interstate Warehousing, Inc.	美国	3277261
12	Burris Logistics	美国	2120987
18	Hanson Logistics	美国	1240803
21	Holt Logistics Corp.	美国	991090

得益于美国公路运输网络的稳定，美国冷藏车保有量由 1997 年的 13.53 万辆增长至 2019 年的 25.41 万辆，复合增速维持稳定水平，冷藏卡车总载货量由 2016 年的 0.96 亿吨增长至 2021 年的 1.07 亿吨，预计到 2023 年将达到 1.14 亿吨，冷链资源的充足和基础设施建设的完善为美国冷链物流行业发展奠定了坚实基础。

2. 美国冷链物流技术应用现状

随着科技的发展，美国农产品处理效率更高、过境时间更短，条码技术、分拣技术及卫星定位系统等先进技术促进储运作业效率大幅提高，美国冷链物流技术发展处于世界领先水平。现阶段，美国冷链物流配送公司多数装有先进的安全控制及自动化喷淋系统，装有可视屏的叉车，配备涉温区域广的冷藏车集装箱，与仓库进货口实现无缝对接。通过采用高端牵引车及冷藏箱、GPRS 系统、进口车载温控仪、POS 机等一批高端的冷藏运输设备，为客户提供全程可控的冷链服务。通过先进设备的组合及人员调配，可以实现 GPRS 远程温度监控，确保车内货物按时、保质地送到客户手中。充分利用现有的冷藏车和冷库等资源，向客户提供全方位的冷链物流服务。

（三）冷链物流业的特点

1. 交通运输网络发达，运输高效

美国地广人稀，政府不断加大对公路网与铁路网的建设力度，修建了很多高通行量、高速度的公路，其高速公路网覆盖率高达 90%，纵横交错的公路网给农产品冷链物流的发展提供了极大的便利。另外，美国的内河、湖、铁路主要承担大宗散装货物的运输任务，同时还建造了横贯大陆的铁路网络，如"快运走廊"和"冰冷快线"，为美国东西海岸间农产品的交流提供了无缝衔接的快运通道，为横跨北美大陆的生鲜易腐农产品物流运输提供了更优选择。强大的运输网络和地面运输能力将产地与消费者直接连接起来，在美国有 70% ~ 80% 的农产品流通属于产地直销，减少了许多不必要的中间环节，将冷链产品的损耗率控制在极低的范围。

2. 冷链体系建设完善，分工明确

美国冷链物流不管是在产业层面还是行业内部都处于精细化分工状态。为提高企业的运作效率，美国企业在发展过程中将冷链物流从生产制造环节剥离出来，使第三方冷链物流需求的不断提升，客观上促进了冷链物流企业的成长。由于冷链物流的配送环节要求较高，因而第三方冷链物流企业在发展过程中极具专业性，其第三方冷链物流企业内部分工也十分明确，运输方、仓储方和卡车都各司其职，且各个环节都做到了精细化管理，大大提高了冷链物流的可操作性和标准化，从而增加冷链物流效率。例如，美国建立的蔬菜冷链流通体系，在比较完善的全国性蔬菜生产分工体系上，建立追溯系统并全程冷链配送，田间采后预冷—冷库—冷藏车运输—批发站冷库—超市冷柜—消费者冰箱，各个环节分工明确，且在流通过程中可以实现全程无缝连接，保障运输的全程温控，形成了专业化的冷链物流体系。

3. 冷链物流技术先进，应用广泛

美国拥有着世界领先的科技创新技术与优秀研发人才，且已有发展十分成熟的冷链企业与相对先进的冷链技术。在冷链物流企业方面，美国是全球领先的综合性冷链企业集中地，且企业拥有较高的技术与资源优势，客户黏性强，从而形成良性循环。近几年冷链物流企业并购活动频繁，行业集中度不断提高。2020 年 8 月，全球领先的温控公司市场排名中，前三均为美国企业，其份额占比远超其他国家的企业。其中，美冷（Americold Realty Trust）是全球第一大冷链企业，占全球冷链市场份额大约 22%，温控仓储与制冷系统均为世界顶级水平。美国的冷链巨头企业的业务范围综合性强，涵盖了仓储、运输、包装等各个环节，企业运输网络遍布全美各地，区域分布均衡，使美国整条温控供应链的性能与效率达到了最大化。在冷链技术方面，美国在田间采后采用真空预冷、差压通风、强制通风、冷水预冷等预冷技术，预冷保鲜率为 80% ~ 100%，运输过程中已逐步淘汰冰冷车和机冷车，广泛使用冷藏集装箱或冷藏汽车运输，并配以 EDI 系统等先进的信息技术对冷藏运输进行全面的动态监控。在运输方式上，采用"按货架到货"的配送方式，提高冷链物流的管理水平与效率，保障了易腐食品的新鲜和品质。

4. 冷链标准体系明确，监管到位

美国政府出台了一系列政策推动冷链物流标准体系的建设。例如，美国在 2002 年就成立了冷链协会并在 2008 年出台了《冷链质量指标》，对产品的品质、安全监管与操作规范等方面均有严格约束。美国国家标准学会（ANSI）作为非营利性民间标准化团体也推动了冷链物流标准体系的发展，通过加快国内标准与国际标准的融合进程，以期更好地发挥带动地区经济发展的作用。美国政府部门方面积极参与和指导食品类领域的标准制定过程，以及建立公共卫生信息系统来监管食品卫生、确保食品安全。同时，政府还不断完善冷链物流专业认证体系和市场准入制度，如规定金枪鱼肉的储运、销售必须始终保持在 −55℃ 的冷链中；冰激凌必须保存在 −22℃ 冷库中等规定。为了严格落实冷链物流的各项标准，规范市场，美国出台了很多相关的法律法规，并通过相关部门对市场进行监管，如美国食品药品监督管理局在食品冷链和药品冷链流通安全监管方面起到重要作用，在食品和药品流通的各个环节为生产者和经营者提供有关储存标准、流通标准的指导，对行业发展起到规范作用。完善的行业政策及标准规范，保障了美国冷链物流市场的平稳运行，使冷链物流在安全严格的制度保障下持续发展。

二、日本冷链物流发展

在日本，冷链物流被称为"低温物流"。日本冷链物流是为了保证生鲜食品的鲜度，使食品保持冷冻、冷藏、低温的状态，把生鲜食品从产地、食品制造加工企业、冷链物流中心送到消费地的物流系统。通过冷链物流系统，食品的鲜度品质、卫生管理、温度管理得以保证，以调节食品的市场需求，降低冷链物流的成本，为日本消费者提供安全、安心的食品。

（一）日本冷链物流的发展

第二次世界大战后，日本国内经济的复苏和居民消费的升级，使冷冻企业数量大幅增加。1960—1965 年，日本冷冻食品行业开始发展。1965—1985 年，日本进入第二次经济增长时期，同时日本冷冻食品消费进入成长期，日本冷链物流开始构建。1985 年后，尽管日本经济增长速度放缓，但是冷链市场的培育和发展已经成熟，日本市场易腐食品消费已占总食品消费金额的 50% 以上。进入 21 世纪后，日本冷链物流进一步发展，冷链物流基础设施进一步完善，日本在 2014 年冷藏保鲜车的保有量约为 12 万辆，到 2017 年则接近 20 万辆，冷藏保鲜车占货运汽车的比重约为 2.65%，冷藏运输率则高达 90% 以上，运输过程中的产品腐损率低至 5% 以下。

1. 日本农产品流通渠道

在日本农产品的流通渠道中，大部分农产品由农业协同组织（或联合托运人组织），经过中央批发市场流通，剩余部分由农业协同组织的经济事业部或全国果蔬中心负责，完成农户与零售商的对接（见图 6−8）。

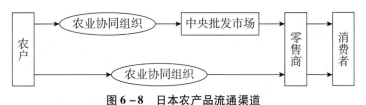

图 6−8　日本农产品流通渠道

2. 日本的中央批发市场

日本的中央批发市场是由地方公共团体在得到农林水产大臣许可后，在指定的区域或人口较为密集的城市内开设的鲜活农产品的批发市场。中央批发市场由批发业者、中间批发业者、参加交易者、小型批发业者、安全监测者、关联事业者六类成员构成。

3. 日本农业协同组织

日本农业协同工会（Japan Agricultural Co - operatives，JA），是日本为促进和保护农民生产、生活而成立的组织。JA 为农、林、渔业从事者提供研发、采购、生产、流通加工和销售各环节的咨询和服务。农、林、渔业从事者是组织的正组织成员（核心成员），拥有管理权，即股东投票权；此外，工人、消费者和中小企业运营商也可以成为准组织成员（非核心成员），并不享有股东投票权。

JA 全农对农产品研发、材料采购、加工及流通和销售全程给予技术支撑。JA 全农将农产品分为果蔬、肉类、鸡蛋、粮食等几大类进行具体管理。其中，JA 中果蔬流通的突出特点是采用不经过批发市场的直销模式，并提供高质量、专业化物流服务。另外，JA 全农果蔬中心、JA 全农直销官网、JA 全农直属商店是果蔬直销的三个主要力量。

（二）日本冷链物流温度带的分类

1. 食品物流中心温度带的划分

第一类：干货食品。冷冻食品、冷藏食品和蔬菜水果以外的食品都归类为干货食品。包括面包、点心、方便面等食品。

第二类：冷藏食品。即 -5～5℃保存的食品。包括芝士、牛奶、火腿、布丁、豆腐等在高温环境下，容易变质的食品。

第三类：冷冻食品。即在 -20℃以下保存的食品。包括冰激凌、冷冻加工食品、冷冻鱼类、冷冻肉类等食品。

在日本，按照上述食品类别划分设置的物流中心温度带称为三温度带。

日本的大型超市都有自己的冷链物流中心。但是，建设在地方的中小型超市，由于没有自己独立的冷链物流中心，因此三温度带的商品保存在同一温度范围的冷链物流中心的情况较多。

2. 冷链物流中心温度带的分类

日本冷库是对肉类、水产品、冷冻食品等食品在10℃以下进行仓储保管，并具有冷却设备而且可以隔热的仓库建筑。冷库温度带有4种分类方法，按照《日本冷库法》规定，以第一类分类方法为主。

第一类：7等级温度带的划分。

按照冷库温度的不同，日本把冷库分为 C3 级、C2 级、C1 级、F1 级、F2 级、F3 级、F4 级 7 个等级（见表 6 - 11）。目前，日本冷库85%以上为 F 级冷库，并且以 F1 级冷库为主，而 C 级冷库中又以 C3 级冷库居多。

表 6 – 11　　　　　　　　　日本冷库储存商品 7 等级温度带的划分

序号	等级	温度带	可储存商品
1	C3 级	－2～10℃	腌菜、牛奶、鱼类肉类加工品、鸡蛋、生鱼、芝士、水果、调料
2	C2 级	－10～－2℃	鲜鱼类、生肉类、乳制品、成鱼、干鱼
3	C1 级	－20～－10℃	冷冻面包、冷冻鱼类、加工肉类
4	F1 级	－30～－20℃	一般冰激凌、黄油、冷冻食品、冷冻肉类、冷冻蔬菜
5	F2 级	－40～－30℃	高级冰激凌
6	F3 级	－50～－40℃	一般金枪鱼、一般生鱼片
7	F4 级	－50℃以下	高级金枪鱼、高级生鱼片

第二类：3 等级温度带的划分。

包括 SF 级（超低温，－40℃以下）、F 级（冷冻，－40～－20℃）、C 级（冷藏，－20～10℃）3 个等级（见表 6 – 12）。

表 6 – 12　　　　　　　　　日本冷库储存商品 3 等级温度带的划分

序号	等级	分类	温度带	可储存商品
1	C 级	冷藏	－20～10℃	乳制品、鲜鱼、蔬菜、加工熟食
2	F 级	冷冻	－40～－20℃	鱼类、肉类、冷冻食品、冰激凌等
3	SF 级	超低温	－40℃以下	金枪鱼

第三类：4 等级温度带的划分。

包括冷藏（－5～5℃）、冰冻（－3～0℃）、冷冻（－3℃）、定温（15℃左右）4 个等级。

第四类：8 等级温度带的划分。

包括加温（20℃以上）、恒温（10～20℃）、制冷（－5～5℃）、冰温（－3～0℃）、微冷（－8～－3℃）、冷藏（－20～10℃）、冷冻（－40～－20℃）、超低温（－40℃以下）8 个等级。

（三）日本冷库行业

日本冷库除了有较高水平的技术和设施，同时也非常注重内部运行，其不断寻求集约化、高效化的冷链物流管理，确保安全营运，最大限度地降低差错率，提升企业品牌和信誉度。日本冷库运行主要包括以下特点。

1. 结构概况

由于日本国土资源紧张，受土地成本影响，单层冷库成本较大，因此日本冷库结构大多是多层仓库，梯级温度设置。目前，日本冷库以 3～5 层且单层 5～7 米层高为主，根据储存商品和客户的不同需求，冷库各层的温度设置也不同。

2. 功能配置

日本冷库功能齐备，流程合理，全程实现无断链。日本冷库一般都包括储存区、流通加工区等基本功能区；同时根据客户的需求，还有预冷区、解冻区等特殊功能分区。在流程设计上，充分考虑冷链作业环节的连续性和合理性，实行全程无缝式冷链管理，尤其是在容易出现断链的冷库作业环节，实现了冷藏车车厢与冷库装车站台的无缝衔接，既避免了冷链的断链，又提高了货物装卸效率。

3. 信息化管理

日本冷库信息化水平高。株式会社日冷物流集团东扇岛物流中心采用脸部识别系统和视频监控系统，有效地保证了冷库食品安全。同时，大量采用先进的自动化搬运设备、堆垛系统，提高冷库的自动化程度，节约了大量的人力。

4. 制冷方式

从制冷方式上看，由于日本已在 2020 年实施"脱氟利昂"政策，日本冷库主要采用氨制冷、氨加二氧化碳制冷两种方式。

5. 防震措施

受 2011 年"3·11"地震影响，日本在冷库设计上特别注意防震性。目前，一些冷链物流中心采用了全新的抗震技术，使冷库的抗震性能大幅提高。

6. 节能方法

日本冷库制冷所耗能量大部分是电，再加上日本能源不足且电费较高，使日本非常重视冷库的节能效果。目前，日本通过减小冷风机功率、推广新型保温材料的利用、使用计算机自动控制冷库温度等方法，达到了节能的目的，冷库耗电费用所占比例出现逐年下降的趋势。

7. 日本品牌冷库企业

日本最大的冷链物流企业为株式会社日冷物流集团（见表 6-13）。该公司现有 133 个冷库，总库容为 147 万吨，占日本冷库总库容近 10%。在多个地区建有大型冷链物流中心。

表 6-13　　　　　　　　　日本主要的冷链物流企业

排名	企业名	冷库数量（个）	储存能力（吨）	容积情况			占日本冷库比率（%）
				总容积（m³）	F级比率（%）	C级比率（%）	
1	株式会社日冷物流集团	133	1467280	3668201	92.3	7.7	9.9
2	横滨冷冻株式会社	59	846669	2116672	90.0	10.0	5.7
3	株式会社大洋渔业物流集团	61	634666	1586665	96.5	3.5	4.3
4	东洋水产集团株式会社	32	483698	1209246	96.8	3.2	3.3
5	冷藏冷冻物流控股有限公司	37	476125	1190312	81.7	18.3	3.2
6	日本水产集团株式会社	31	408553	1021283	96.2	3.8	2.8
7	株式会社松冈	9	272578	68144	95.9	4.1	1.9
8	株式会社丘寿流通系统	44	259475	648688	75.6	24.4	1.8
9	鸿池运输株式会社	29	248790	621976	48.3	51.7	1.7
10	二叶集团	13	223594	558986	89.6	10.4	1.5

株式会社日冷物流集团先进的冷链物流技术体系、精细化的管理水平和自动化程度，在日本都处于领先地位。

（四）日本流通型冷库与储存型冷库

多年以来，日本存在两种冷库，即流通型冷库与储存型冷库。近年，一些储存型冷库开始向流通型冷库转变。但是目前，一些为食品生产企业服务的食品原材料冷库，仍然作为储存型冷库在发挥其作用。

1. 流通型冷库

日本的流通型冷库具有库存周转率高、多品种、少批量的特点，具备全年不间断运转的冷链系统，在加强货物处理能力、管理能力的同时，可以节省劳动力，降低物流运行成本。

2. 储存型冷库

日本的储存型冷库主要保管进出口冷链物流的商品，保管费用作为主要的收入来源。储存型冷库通过其高效率的保管功能来降低物流成本。

（五）日本冷链物流技术

日本的冷链物流是以冷冻工艺学为基础，以人工制冷技术为手段，以生产流通为衔接，以达到保持食品质量完好与安全的一个系统工程。

蓄冷式运输起源于发达国家，起初是为了解决连锁专卖店、超市等的货物配送问题。20世纪80年代初期，蓄冷式运输技术在日本逐渐发展完善，并由日本的宅急便和日通货运两家公司最早将这一物流技术投入实际应用。现在冷链保温箱技术已经日臻完善并广泛应用于日本的冷链物流领域。冷链保温箱技术不仅能保证冷冻冷藏货物的配送质量，而且有效利用了普通货车的配送能力，同时还大大减少了冷藏车的购进量，降低了配送成本。与传统冷藏车运输模式相比，蓄冷箱在灵活性、环保性、经济性、安全性和可控性方面都具有突出优势（见表6-14）。

表6-14　　　　　　　　　　**蓄冷箱与冷藏车性能比较**

	蓄冷箱	冷藏车
灵活性	（1）可以在室内操作，甚至可以在生产线下端直接完成包装、装箱工作 （2）货品运达后可直接拆箱上架 （3）可以实现一车配送多个点	（1）需要在冷藏库提货，装卸环节温度断链 （2）货品运到后需要二次倒板，其间温度很难恒定 （3）配送多点反复开门，温度难以保证
环保性	无源蓄冷方式，一次蓄冷可以保证温度长达72小时以上	有源蓄冷方式，耗费大量燃油
经济性	可以使用普通车辆多温度带运作，运作成本低	车厢类很难实现多温度带运作，需要包车运作，成本高
安全性	可以确保物品品质、安全系数高，防盗窃	多种物品混装、易串味，影响品质，安全性差
可控性	每件产品都可以实现温度与位置的跟踪服务	智能监控车辆及车内温度，对单一产品无法实现跟踪

（六）日本冷链与食品安全管理

日本的食品安全法律体系分为3个层次。

第一层次：《食品卫生法》《日本农林物资规格化和质量表示标准法规》（JAS法）、《农药取缔法》等一系列针对食品链各环节的法律，法律效力最高。

第二层次：《食品安全委员会令》《JAS法实施令》《食品安全基本法》等，是根据法律制定并由内阁批准通过。

第三层次：《食品卫生法实施规则》《关于乳及乳制品成分规格等的省令》等，是根据法律和政令，由日本各省制定的法律性文件。

目前，日本已经形成了高效、科学、灵活的食品安全监督管理体系，主要包括ISO 22000食品安全管理体系、HACCP食品安全管理体系、优良农产品认证制度、食品标签管理等。

1. ISO 22000食品安全管理体系

ISO 22000食品安全管理体系适合于所有食品加工企业，它是通过对食品链中所有的组织在生产（经营）过程中可能出现的危害（指产品）进行分析，确定关键控制点并将危害降低到消费者可以接受的水平的食品安全管理体系。ISO 22000采用了ISO 9000标准体系结构，在食品危害风险识别、确认以及系统管理方面参照了食品法典委员会颁布的《食品卫生通则》中有关HACCP体系和应用指南部分。ISO 22000的使用范围覆盖了食品链全过程，即种植、养殖、初级加工、生产制造、分销一直到消费者使用，其中也包括餐饮行业。另外，与食品生产密切相关的行业也可以采用这个标准建立食品安全管理体系，如杀虫剂、兽药、食品添加剂、储运、食品设备、食品清洁服务、食品包装材料等。

2. HACCP食品安全管理体系

HACCP（Hazard Analysis and Critical Control Point）是目前世界上应用最广泛的解决食品安全问题的管理体系。由食品危害分析（Hazard Analysis）和关键控制点（Critical Control Point）两部分组成。对原材料、生产工序和影响产品安全的人为因素进行分析，明确加工过程中的关键环节，建立、完善监控程序和监控标准，目的是将可能发生的食品安全危害消除在生产过程中，而不是像以往那样靠事后检验来保证食品的安全。

3. 优良农产品认证制度

日本对大米和牛肉实行"身份证"制度，农林水产省从2003年起在日本全国推行"大米身份证"制度，大米生产者要在米袋的条码上标明生产者姓名、栽培经过、米的种类、认证号码和产地等。加工者要标明是否为精米、加工批量及号码。销售者要在商店提供产地信息备查号码。实行"牛肉身份证"制度，可以对牛肉生产和流通的全过程进行监督。

继大米和牛肉之后，日本农林水产省决定将身份证制度原则上推广到所有农产品。申请"身份证"的农产品，必须正确地表明该产品的生产者、产地、收获和上市日期，以及使用农药和化肥的名称、数量和日期等。

4. 食品标签管理

日本的食品标签内容越来越广，要求越来越严。根据日本《食品卫生法》《日本农林物资规格化和质量表示标准法规》等有关法律法规的规定，在日本市场上销售的各类蔬菜、水果、肉类和水产品等食品都必须加贴标签，对产品的名称、原材料、生产日期、食用期限、保管方法、原产地等内容进行明确标识。同样，对进口食品也必须按日本的要求加贴标签。

（七）日本政府及日本冷库协会的作用

1. 日本政府的作用

日本政府通过各种法律对冷库实施管理，但不对冷库设施进行强制性年检。《日本冷库法》由冷库相关法律构成，是冷库业施行的规则及运用的方针，包括冷库的基准、防水防潮防灾、保温、防火、冷藏设施明细书和食品卫生法等内容。另外，对 C1 级、C2级、C3 级、F1 级、F2 级、F3 级、F4 级冷库的冷却方式，直接及间接膨胀式的氨机，R22 机选型，保温层厚度，风速，热流，盐水速度，温差和温度计放置地点数量等都有相关规定。

2. 日本冷库协会的作用

日本冷库协会成立于 1973 年，已有 50 年的历史。1973 年，日本冷库协会从日本冷冻事业协会内部的冷库部门分离出来，成为独立的社团法人。在日本各都道府县都有冷库协会分会，所有地方协会与日本国内几乎所有的营业性冷库企业都是其会员，会员企业的库容占全国冷库库容的 90% 以上。目前，日本冷库协会包括日本 46 个地区的 1157家正式会员单位及 20 家赞助会员单位，会员单位的冷库容积共计 2599 万立方米。日本冷库协会每年都要进行相关调研，及时把需求反馈给会员单位，成为冷库企业和使用者之间沟通的桥梁。另外，经由日本国土交通省授权，日本冷库协会对其会员单位进行持续多年的冷库业数据统计，对日本冷链产业的发展起到重要的促进作用。

三、荷兰冷链物流发展

（一）荷兰冷链物流模式

荷兰是全球最大的花卉生产、贸易基地，花卉产业是荷兰的支柱性产业。荷兰花卉市场主要采用拍卖的交易方式。阿斯米尔（Aalsmeer）花卉市场是荷兰也是世界最大的花卉拍卖市场，这里每天交易量超过五万宗，对全球花卉价格波动有决定性的影响。荷兰花卉市场主要有两个突出特点：一是采用了先进的保鲜技术，使花卉产品在经过长途运输后依然十分新鲜；二是建立了高效的、先进的花卉物流配套系统，为花卉产品全球配送提供了基础保障。

荷兰国内活跃着大量农业合作组织和涉农团体，通过开展农业互助合作，建立了一套高效、灵活的农产品销售网络，如花卉协会、玉米协会、农产品投资协会等，同时建立了一套覆盖广泛、运作灵活的农产品流通体系。荷兰十分重视农业信息化建设，在农业生产各个环节都引入了先进的信息技术和设备，产生了良好的经济效益。在农业信息化建设方面，荷兰制定了信息化战略和长期发展规划，建立了全国统一的信息服务体系，为农业转型、技术改造、区域协同、市场合作等提供全面信息支持。荷兰花卉生产采用了现代自动化技术，许多重要生产环节都是依靠计算机来操控，有效提高了生产作业效率和产品质量。

（二）荷兰冷链物流发展

荷兰位于欧洲大陆和北海之间，东邻德国，南接比利时，西、北濒临北海，地处莱茵河、马斯河和斯凯尔特河三角洲，地理位置十分有优势，被称为"欧洲门户"，对外贸易历史悠久。荷兰作为奶牛、蔬菜和花卉出口大国，常年位居世界第二大农业出口国，是整个欧洲农产品的配送物流中心，在全球生鲜品贸易、分销领域占据重要地位。据荷兰中央统计局报告估计，2019年荷兰农产品出口额为945亿欧元，较2018年增加4.6%。其中未经加工的农产品出口额为260亿欧元，大部分出口产品为加工产品，出口额为685亿欧元，2019年肉类出口量较2018年显著增长，货值达到6亿欧元。冷链物流是农产品供应链的重要支撑，荷兰在不同地点建立起若干个农产品和食品供应链枢纽，加上荷兰位于欧洲的交通中心，各种运输方式发达，使荷兰成为为欧洲和世界其他地区市场提供物流服务的最佳中心。荷兰冷链物流行业高度发达，具有现代化的制冷和冷冻技术，其工作效率高，充分保证高质量的农产品运输、储存和配送服务，且荷兰年冷库容量为1370万立方米，人均冷库容量高达0.958立方米，位居世界第一。

荷兰农产品冷链物流成功经验可归结为以下几点。一是运输网络发达，位于欧洲交通枢纽中心的荷兰具有优越的区位优势，作为水果进出口中心的巴伦德雷赫毗邻港口，通往欧洲的两大"门户"鹿特丹港和史基浦机场，将荷兰58%以上的生鲜农产品运往世界各国，成为欧洲物流配送中心。二是具有首屈一指的冷冻行业，冷冻容积量居世界第一位，现代化制冷技术和设备将新鲜蔬菜和水果腐坏率降低为5%，工作效率高，保证农产品质量。三是冷链物流链条短，在农产品生产基地附近兴建储存和配送中心，将农产品及时配送到需求者手中。通过最先进的电子拍卖系统、电子交换式信息系统和订货系统，缩短冷链物流链，完成65%的花卉贸易，将几千种花卉分销到世界各地，部分花卉能够当天运往销售市场。四是实施信息化运作，农产品物流园区和配送中心依托先进的电子商务系统，形成一条连接种植户、生产商、批发商、零售商的农产品供应链，将农产品运往世界各地。五是注重运用现代化冷冻技术设备，保证了运输、储存和配送工作效率，降低成本。

（三）我国与荷兰冷链发展差距

1. 基础设施

基础设施较差。荷兰的鹿特丹港和阿姆斯特丹港是世界重要港口，同时，荷兰的航空业也十分发达。世界上65%的花卉贸易通过荷兰进行。在荷兰的公路运输中，有三分之一是农产品和食品。荷兰拥有世界上最高的人均冷库容量，其先进的制冷技术和现代化的冷冻设备为生鲜农产品物流的发展创造了有利条件。而我国缺少与冷链市场相匹配的冷库、冷藏车等配套设施。

2. 行业标准

冷链行业标准较少。荷兰的冷链物流行业有着标准化体系，从生产到销售的全过程都有严格的标准制度去保障食品的安全。反观我国不同的冷链物流企业基础设施无章可循，要想解决这些难题，必须制定标准化的规章制度和行业规范，借鉴荷兰的标准体系和管理模式，在农副产品的各个环节都制定规范的标准，保证农副产品在整个流通过程中都得到严格监测，建立起生产到消费的完整体系。

3. 冷链技术

冷链技术水平较低。在储运方面，荷兰依托高新技术来延长鲜花的保质期。有些物品必须在低温的环境下才能长时间保存，比如鲜奶、鲜花等易腐的货物。要长时间保存就得通过调节外部环境来实现对全程的温度控制，包括产品从产地采摘之后的冷藏保鲜，在运输途中的低温保温和冷藏，还有在抵达目的地之后的冷藏储存。我国要想提高冷链服务的质量和效率，必须广泛应用冷链技术，让货物在运输过程中始终处于低温环境。

第七章

北京市冷链物流发展措施及建议

第一节　北京市冷链物流发展趋势

随着技术的进步，我国冷链物流发展环境得到不断改善，但相较于发达国家，我国冷链物流发展还相对缓慢。通过对国家有关冷链物流发展规划的分析及北京市冷链物流业发展情况分析，探索如何节约成本、满足消费需求以及明确发展定位的新型冷链物流模式对推动北京市冷链物流领域的发展具有重要意义。

一、冷链物流安全化发展

冷链物流最基本的要求就是保证在运输过程中满足物品所需的运输条件，运输全程不出现断链、污染、损坏等情况。2021 年，国务院办公厅印发的《"十四五"冷链物流发展规划》中就要求健全生鲜农产品质量安全体系，保障冷链产品安全以及加强疫情防控常态化情况下冷链物流疫情防控等。冷链产品安全关系人民群众身体健康和生命安全。当前，我国冷链物流"断链""伪冷链"等问题突出，与此相关的产品质量安全隐患较多，特别是新冠肺炎疫情发生以来，冷链物流承担着保障疫苗安全配送和食品稳定供应的艰巨任务，要求提高冷链物流专业服务和应急处置能力，规范市场运行秩序，完善全程追溯体系，更好地满足城乡居民消费安全需要。

二、冷链物流低碳化发展

国家对冷链物流低碳化发展提出了新要求。冷链物流仓储、运输等环节能耗水平较高，在实现碳达峰、碳中和目标背景下，面临规模扩张和碳排放控制的突出矛盾，迫切需要优化用能结构，因此，升级创新冷链物流设施设备显得尤为重要。加强绿色节能设施设备、技术工艺的研发和推广应用，推动包装减量化和循环使用，提高运行组织效率和集约化发展水平，加快减排降耗和低碳转型的步伐，推进冷链物流运输结构调整。绿色发展是保证可持续长远发展的重要举措，应把绿色发展理念贯穿到冷链物流全链条、各领域。

三、冷链物流高效化发展

冷链物流发展的高效化是重点趋势，国务院办公厅印发的《"十四五"冷链物流发展规划》中提出构建冷链物流骨干通道，主要提到了形成内外联通的"四横四纵"国家冷链物流骨干通道网络，推动京津冀协同发展，进一步优化了冷链行业的空间布局，建设设施集约、运输高效、服务优质、安全可靠的国内国际一体化冷链物流网络是未来发展趋势。北京是我国的首都，城市人口较多，需求较大，也具有不同于其他城市的功能定位和城市特点，只有发展符合北京城市特点的冷链物流，才能更好地为北京的城市发展服务。牢牢把握北京城市定位，合理布局城市冷链物流网络，结合京津冀协同发展战略，利用好城市间的协作与互补关系，促进城市冷链物流效率提升。

四、冷链物流智能化发展

伴随新一轮科技革命和产业变革的来临，大数据、物联网、第五代移动通信（5G）、云计算等新技术快速推广，有效赋能冷链物流各领域、各环节，加快设施装备数字化转型和智慧化升级步伐，提高信息实时采集、动态监测效率，推动冷链物流智能化发展。新技术的推广为实现冷链物流全链条温度可控、过程可视、源头可溯，提升仓储、运输、配送等环节一体化运作和精准管控能力提供了有力支撑，同时也有效促进冷链物流业态模式创新和行业治理能力现代化。

目前我国冷链物流技术不断创新，许多新型的设施设备投入市场，如无人化的机械设备、智能化的监测技术等，使我国冷链物流水平不断提升。因此，北京市鼓励企业引入先进设备、先进技术，鼓励企业不断创新，从而促进北京市冷链物流技术水平提升，北京市冷链物流的智慧化发展是必然趋势。

第二节 北京市冷链物流发展措施及建议

一、加强冷链基础设施共享与升级

首先是加强冷链基础设施建设，北京市冷库需求量大但是供给不足，而且不少冷库功能定位落后于市场需求，原有的以产品储存为目的的冷库越来越不能满足现代流通的要求。因此需要政府部门加强规划，发展以满足客户需求和多品种配送为目的的低温物流中心，并按照北京市物流发展规划调整现有冷藏库布局，以现有存量设施设备升级改造为主、投资新建为辅，鼓励供应链上下游企业共用共建冷链基础设施建设，鼓励冷链物流企业推广新技术的制冷设备，研发应用符合冷链物流特点的蓄冷周转箱、保温包装、保温罩等。研究加强冷链物流全流程、全生命周期碳排放管理，加强低温加工、冷冻冷藏、冷藏销售等环节绿色冷链装备的应用。鼓励企业使用绿色、安全、节能、环保冷藏运输车辆和保温材料，监控管理冷链物流预冷场所、节点冷库、冷链运输车辆、卸货入仓等，实时掌握冷链物流运行情况。其次，加快冷链宅配的推广，按照北京市的物流发展规划调整现有的基础设施布局，开展城市冷链共配应用试点，推进一站式冷链物流服务。对冷链物流节点实行挂牌管理，提高制冷设备规范安装操作和检修水平，最大限度减少制冷剂泄漏，推动制冷剂、保温耗材的回收和无害化处理，建立定期、不定期检查制度，确保各节点设施装备、信息系统、环保卫生等符合标准、运行正常，对不符合标准的予以摘牌处理。

二、发展京津冀冷链物流网络协作

由于北京市冷链物流需求量大，其中有 80% 以上的蔬菜水果、肉禽蛋奶需要依靠京外供应，单靠北京周边区域进行配送难以满足北京市整体的需求。为贯彻落实国务院办公厅印发的《"十四五"冷链物流发展规划》，结合京津冀三地的位置分布，继续推动环京津冀 1 小时鲜活农产品物流圈建设，支持企业在津冀地区建设蔬菜、肉蛋等农副产品生产、加工和分拨基地，推动蔬菜等农产品在产地进行预冷、初加工、分拨和冷藏保鲜，推进基地农产品标准化周转箱的使用。

同时，北京市可以通过完善国家骨干冷链物流基地布局，加强产销冷链集配中心建设，补齐两端冷链物流设施短板，夯实冷链物流运行体系基础，利用国家骨干冷链物流基地区位优势，加快形成高效衔接的三级冷链物流节点，促进京津冀三地企业共建共享冷链物流基地和冷链设备，协调京津冀三地物流设施布局，推动京津冀协同发展。发挥国家骨干冷链基地的区位优势，推动产生更为广阔的多边经贸发展新格局和高质量发展新业态，"区块+冷链"将迎来新的发展机遇和美好前景。此外，也可以将北京农产品配送中心疏解到近郊及周边地区，缓解城内运输压力，对于批发市场的疏解应循序渐进，需为小量的批发或者有一定条件的中转批发留下一定的生存空间。对于批发市场的疏解，鼓励京津冀三地企业共建、共享农产品生产基地，加强该地区生鲜农产品冷链物流基础设施建设。优化调整物流设施布局，在疏解区域性物流功能的同时，加强京津冀物流基础设施建设合作。

除了服务京津冀地区，还可以有效利用北京市"国际交往中心"定位，完善口岸物流功能，积极推动国际物流与城市物流的无缝对接与深度融合，构建助力首都开放型经济新体制的物流保障。支持北京市建立面向国外市场的农副产品交易市场，形成与国际市场接轨的流通网络服务示范。

三、加强产销地冷链物流网点建设

在整个冷链物流网络建设中，产地端和末端还存在很多尚未解决的问题。目前北京市冷链物流发展模式主要有批发市场冷链模式、连锁超市和加工企业冷链模式两种。批发市场冷链模式主要以销地或产地批发市场作为冷链物流运作的核心，能够将零售商、批发商、农贸市场、批发市场及一、二级商贩有机联系起来。这种模式下，农民普遍将农产品交给一、二级商贩，由商贩转售给销地或产地的批发市场，批发市场将产品转售给零售商或农贸市场，最后才到达个人。整个供应链较长，物流损耗较大，极大地提升了物流运输成本；并且果蔬生鲜的冷藏环节较少，基本是整车运输，难以实现全程冷冻或冷藏运输。连锁超市和加工企业冷链模式下，连锁超市和加工企业能够构建出较为完整的农产品生产基地，或指向特定的农户进行产品加工，并将产品运输到配送中心和门店。该模式中的流通环节减少，商品损耗降低，产品的品质和新鲜度得到了大幅提升。但也存在着一定的问题，即生产基地的冷库普遍较少，销售末端难以保障产品处于冷藏状态，很可能影响产品的品质。如果自营物流系统，将导致运营成本大大增加。

首先，针对目前北京市冷链物流发展模式存在的缺陷，北京市在冷链物流网络上游可优先构建综合服务平台，由具有管理能力的企业来统筹各项商品流通环节，物流中心可通过供应链管理平台紧密地联系第三方物流、连锁超市、加工企业，使物流流通环节全程处于冷链运输状态，物流中心根据连锁超市的运输需求即时调配相应的第三方物流公司，为其提供冷链运输服务，提升农产品的新鲜度和品质感。其次，北京市可充分利用全国邮政和快递末端网点的数量优势，为这些网点附上冷链的基本功能，增加产地冷链物流网点的数量，打通农产品从产地到销地的上行通道，从而与国家骨干物流网络有效衔接。最后，针对北京有限区域的限行政策，以及新冠肺炎疫情对交通管制的影响，应加强销售地冷链物流智能配送设施的网络布局，将智能快件箱、智能多功能柜等智能配送设施纳入公建配套设施建设范围。企业之间加强协作，发展冷链零担运输、甩挂运输和多温共配模式，探索多渠道运输方式，鼓励使用包装冷链技术进行冷鲜产品城乡终端配送。

四、加快培育第三方冷链物流企业

北京在冷链物流行业内还缺少超大型巨头企业。政府应鼓励、扶持第三方冷链物流企业的发展，吸引"采购+冷链+加工+配送"的全产业链冷链物流企业设立区域性中心和示范园区。打造一批高起点、高效率、具有国际竞争力的核心冷链物流企业，以头部企业的示范效应带动整体行业向上发展。同时应尽快建立健全统一的管理制度，改善冷链物流交易市场信息堵塞、冷链物流市场恶性交易等问题，为培育第三方冷链物流企业营造健康的发展环境。冷链物流业的健康发展需要使政策、信息、社团三者合理融合，协调发展。具体而言：第一，建立公共的信息平台，对冷链物流信息进行合理整合，推动信息互通和资源互联；第二，加强部门之间的协调，各部门分工明确，专项专职；第三，交通网络信息需要进一步完善，创建海、陆、空、港多渠道的综合信息平台，发挥四位一体的多线运输物流功能；第四，出台冷链物流企业规范的政策，促进第三方物流产业结构升级。第三方冷链物流企业应该以实现双方互利共赢为目的，与一些农业企业采取签订长期合同的方式建立战略伙伴的关系，促进双方长期有效合作；利用优惠政策来促进第三方冷链物流企业与国内外出色物流企业合资合作，吸引更多外资投入，并利用这些资金来加大物流基础设施、设备、相关技术的研发力度，促进物流产业各类资源的高效整合与发展。在运营新模式方面，鼓励冷链物流企业发挥自身配送优势，缩短商品的配送时间。北京市应鼓励发展冷链共同配送、"电商+冷链宅配""中央厨房+食材冷链配送""社区家庭厨房"等物流模式，支持互联网电商企业与冷链运输企业、大型连锁超市合作，充分发挥资源整合优势，促进冷链物流与电子商务的融合发展。

此外，还可以通过建立政府和企业的协调机制，以确保各部门政策得到合理协调，还要积极打造冷链物流信息化公共平台，以此实现冷链物流信息的互联互通。确保行业服务功能得到有效发挥，对第三方物流中介组织进行大力培育与发展，以使行业协会能够在企业和政府协调中发挥其纽带作用。要建设相应的保障体系来促进冷链物流的发展，利用网络平台来发布与冷链物流产业相关的政策信息及安全监控信息等。

五、完善冷链标准和市场监管体系

加快出台冷链物流相关标准，对标国内外先进经验，大力引导行业协会、市场主体、高等院校及科研院所制定覆盖生鲜、粮油、酒品、药品疫苗等商品的预冷、储存、运输、包装、销售等冷链技术标准体系，规范冷链产品市内储存销售、市外分拨运输流程。实现标准全流程有效衔接，并且政府要承担在生鲜产品冷链物流过程中的严格管控监督责任，要对市场准入标准进行有效规范，确保物流服务市场中各种投资主体更加多元化，还要调整税收、工商登记等方面的制度规定，以北京新发地市场三文鱼为例，要经过"产地预冷—产地批发市场/冷库集结—集散中心—销售地的批发市场—零售门店（前置仓）—生鲜自提点/自提柜"一系列的过程，针对冷链物流产业发展建立相应的标准体系与质量控制体系，确保对冷链物流实现全过程监测。政府既要把好食品准入关，也要把好国内市场冷链流通安全关；由于冷链行业前期投资成本高、收益低，经常存在冷链断链的风险，因此要加快培育出具备冷链物流全流程追踪、监控技术的第三方公司，强化对冷链物流过程中的安全防护。促进大数据、云计算、区块链等技术在冷链物流业的应用，建立冷链"全环节"追溯体系，推动行业完成全程可追溯、可视化的工作，更好地进行资源调度。

六、创新开发高效冷链物流新技术

将冷链物流技术纳入国家科技项目管理范畴，并支持相关单位对该部分进行深层次研究。整个过程中，将国外先进的冷链物流技术引入国内发展阶段，不断进行创新技术研发，使其能够满足日益增长的个性化需求。应当采取有效措施，确保研发的新冷链技术能够带有独特的区域特征。在进行相关技术推广过程中，鼓励农产品加工企业全面应用低温控制技术，确保农产品质量可以得到全面提升。鼓励冷链物流企业更换、新增符合环保、节能要求的冷链运输车辆。支持鲜活农产品、肉类、水产品、乳制品等加工和销售企业购置冷冻冷藏、保鲜预冷、分拣加工、运输装卸等冷链设施设备。推动北京市冷链物流装备企业科技创新，扶持新能源车辆技术的应用，提高自主研发能力，重点发展冷链专用运输车辆、仓储智能货架等装备设施。在冷链配送环节，推广使用移动式冷柜、便携式冷藏箱等新型环保保鲜设备。整个过程中，采取有效措施，对冷链物流服务业管理模式进行创新，尝试从产品生产基地角度入手，确保相关发展目标能够最终实现。打造健全问责机制，确保产品生产及流通环节全面满足安全化发展要求。在自主研发活动开展阶段内，尽量使用独立的技术，进而实现冷藏系统智能优化发展目标。冷链物流调查跟踪系统、农产品分类系统等均属于该类系统控制范畴。

同时，为了更好地发展北京市冷链物流，需加快北京市冷链物流信息化工程建设，提高信息化技术应用水平。运用高科技手段，实现冷链产品全生命周期和全过程实时监管，实现责任追溯机制。促进冷链运输管理的透明化、科技化、一体化，从而真正有效提高北京市冷链运输的效率，加快现代物流体系建设和物联网发展。打造京津冀范围内的农产品流通平台，以此推动关于农产品流通的信息化建设，使农产品物流信息、资源得到有效整合。京津冀地区的各个工商企业则能够利用该平台对农产品供求信息进行便捷查询，在此过程中，政府需进一步加强自身引导与示范作用。

七、促进冷链物流产学研一体化

利用首都高校拥有的信息技术、电子商务、国际贸易、物流管理、物流工程、交通运输、食品加工、市场营销等多种专业资源的优势，北京市应鼓励有条件的高等学校、中等职业技术学校根据市场需求，增设冷链物流相关专业，加强人才培养。鼓励校企合作、社企合作，设立实训基地。针对冷链物流运输中的人才需求、技术需求和薄弱环节，在复合型、高技能人才培养方面进行有效支持。还应结合国内外实践，开展冷藏加工企业的机房和设备管理人员、操作人员在职培训，不断提高技能水平。帮助冷藏加工企业建立产学研对接平台，组织企业参加高校产学研考察、对外科技合作考察、科技创新论坛等活动。引进符合条件的冷链物流人才，享受北京市引进人才、总部经济技术人员的优惠政策。

八、加大资金投入和政策扶持力度

通过研究国内外无数成功的发展经验，在冷链物流发展的初始阶段，政府投入资金的多少以及是否有政策的扶持对其起到了关键性作用。根据我国冷链物流发展的实际需要和自身特点，政府应加大资金投入力度，积极利用社会资金，形成多元化投入机制，解决冷链物流发展中技术建设、基础设施建设等资金缺乏的问题。物流企业冷库仓储用地符合条件的，可享受城镇土地使用税优惠政策。拓展冷链物流企业投融资渠道，鼓励银行业金融机构等对符合条件的冷链物流企业加大融资支持力度，完善配套金融服务。发挥积极的政府导向作用，引导资金流向冷链物流企业，解决所面临资金短缺的困境。统筹做好冷链物流设施布局建设与国土空间等相关规划衔接，保障合理用地需求。严格落实鲜活农产品运输"绿色通道"政策。同时，还可以出台相关农村建设的保鲜仓储设施用电价格支持政策，鼓励各地因地制宜出台支持城市配送冷藏车便利通行的政策。

在疫情防控常态化环境下，也让更多冷链物流的问题暴露与凸显，针对特殊时期北京市的冷链发展定位，中物联冷链委建议，要加强冷链物流过程的安全防护，重点推动集约化管理，尤其是推进以"整托"为单元化作业模式，减少各环节的人员接触。如今，国家把物流产业列为十大振兴产业之一，物流企业应该抓住机会，充分发挥导向作用，进行宏观调控，加快转变冷链物流业的发展方式，开拓创新；着重改善冷链物流行业的运营环境；创新制度，降低冷链物流企业等其他冷链主体的税收，让冷链物流行业享受贷款优惠政策，通过这一系列财政、金融以及产业政策上给予的帮助，实现降低发展成本，增强发展后劲。

北京市在冷链物流发展领域贯彻落实和牢固树立共享、开放、绿色、协调、创新等理念的基础上，充分发挥批发市场、加工企业、连锁超市在冷链物流中的主体地位，用创新科技、先进技术构建出高效率、新模式、可追溯、严标准、网络化的冷链物流体系，并以此作为今后冷链物流发展的新定位、新目标。

附录 A

冷链物流相关政策

冷链物流相关政策，如表 A-1、表 A-2 所示。

表 A-1   2011—2021 年中央出台部分冷链物流政策

序号	发文时间	发文机关	文件名称	文号	相关内容
1	2011 年 8 月	国务院办公厅	国务院办公厅关于促进物流业健康发展政策措施的意见	国办发〔2011〕38 号	加快建立主要品种和重点地区的冷链物流体系，进一步落实鲜活农产品配送车辆 24 小时进城通行和便利停靠政策
2	2011 年 12 月	国务院办公厅	国务院办公厅关于加强鲜活农产品流通体系建设的意见	国办发〔2011〕59 号	制定并完善本地区市场的鲜活农产品网点规划，升级改造一大批大兴农产品加工配送中心，鼓励有条件的大中城市使用符合国家强制性标准的鲜活农产品专用运输车型
3	2012 年 1 月	国家发展改革委、工业和信息化部	两部门联合印发食品工业"十二五"发展规划	发改产业〔2011〕3229 号	发展果蔬冷链储运系统，推动畜禽主销区侧重发展肉制品加工、分割配送中心、支持食品冷链技术研究
4	2012 年 3 月	国务院办公厅	国务院关于支持农业产业化龙头企业发展的意见	国发〔2012〕10 号	对龙头企业带动农户与农民专业合作社进行产地农产品初加工的设施建设和设备购置给予扶持；支持龙头企业改善农产品贮藏、加工、运输和配送等冷链设施与设备
5	2012 年 8 月	国务院办公厅	国务院关于深化流通体制改革加快流通产业发展的意见	国发〔2012〕39 号	提高保障市场供应能力。支持建设和改造一批具有公益性质的大型物流配送中心、农产品冷链物流设施等，发挥公益性流通设施的重要作用

序号	发文时间	发文机关	文件名称	文号	相关内容
6	2012 年 9 月	农业部	农业部关于印发《全国农产品质量安全检验检测体系建设规划（2011—2015 年)》的通知	—	项目建设的主要目标是基本实现全国范围"三品一标"的蔬菜、水果、大米、猪肉、牛肉、鸡肉和淡水鱼 7 类产品责任主体有备案、生产过程有记录、主体责任可溯源、产品流向可追踪、监管信息可共享
7	2012 年 12 月	商务部流通业发展司	商务部关于促进仓储业转型升级的指导意见	商流通发〔2012〕435 号	加大冷库改造和建设力度，促进我国冷库由原来大批量、小品种、存期长向小批量、多品种、多流通形式转化
8	2013 年 1 月	国务院办公厅	国务院办公厅关于印发降低流通费用提高流通效率综合工作方案的通知	国办发〔2013〕5 号	要求继续对鲜活农产品实施从生产到消费的全环节低税收政策，将免征蔬菜流通环节增值税政策扩大到部分鲜活肉蛋产品。2014 年国家将继续实行生鲜农产品流通环节税费减免政策
9	2013 年 5 月	国务院办公厅	国务院批转发展改革委关于 2013 年深化经济体制改革重点工作意见的通知	国发〔2013〕20 号	将冷库用电由商业电价调整为工业电价
10	2013 年 11 月	发展改革委	发展改革委发布蔬菜市场预测及 2014 年工作重点	—	支持农产品冷链等流通基础设施建设
11	2014 年 1 月	中共中央、国务院	中共中央 国务院关于全面深化农村改革加快推进农业现代化的若干意见	中发〔2014〕1 号	明确提出"完善鲜活农产品冷链物流体系"继续发力冷链产业
12	2014 年 9 月	国务院	国务院关于印发物流业发展中长期规划（2014—2020 年）的通知	国发〔2014〕42 号	要推进物流技术装备现代化，加快食品冷链等专业物流装备的研发。物流园区建设工程，发展冷链等专业类物流园区。加强鲜活农产品冷链物流设施建设，完善冷链物流网络
13	2014 年 12 月	国家发展改革委、财政部等 10 部门	关于进一步促进冷链运输物流企业健康发展的指导意见	发改经贸〔2014〕2933 号	分为大力提升冷链运输规模化、集约化水平；加强冷链物流基础设施建设；完善冷链运输物流标准化体系；积极推进冷链运输物流信息化建设；大力发展共同配送等先进的配送组织模式；优化城市配送车辆通行管理措施；加强和改善行业监管；加大财税等政策支持力度；发挥行业协会作用 9 部分指导其发展

序号	发文时间	发文机关	文件名称	文号	相关内容
14	2015 年 2 月	中共中央、国务院	中共中央　国务院关于加大改革创新力度加快农业现代化建设的若干意见	中发〔2015〕1 号	加强农产品产地市场建设，加快构建跨区域冷链物流体系
15	2015 年 3 月	商务部办公厅	商务部办公厅关于印发关于印发《2015 年流通业发展工作要点》的通知	商办流通函〔2015〕98 号	加强电子商务、冷链等重点领域物流建设。继续开展两岸冷链合作试点。加大重点标准制修订力度，增强标准覆盖面和实效性、先进性，突出商贸物流、电子商务、农产品冷链等重点领域
16	2015 年 7 月	农业部、食品药品监管总局	农业部 食品药品监管总局关于进一步加强畜禽屠宰检验检疫和畜禽产品进入市场或者生产加工企业后监管工作的意见	农医发〔2015〕18 号	贮存、运输和装卸畜禽产品，所使用的材料和容器、器具、工具要做到安全、无害，防止污染，并配备必要的冷藏、冷冻设施或者设备，保证畜禽产品质量安全所需要的温度、湿度等特殊要求
17	2015 年 7 月	食品药品监管总局海关总署公安部	食品药品监管总局海关总署公安部关于打击走私冷冻肉品维护食品安全的通告	2015 年第 29 号	食品药品监管总局要求北京、天津等省（区、市）食品药品监管部门对行政区域内所有冷库进行排查，重点检查 2014 年以来承储冷冻肉品的来源、数量和销售去向
18	2015 年 9 月	国务院办公厅	国务院办公厅关于推进线上线下互动加快商贸流通创新发展转型升级的意见	国办发〔2015〕72 号	转变物流业发展方式。运用互联网技术大力推进物流标准化，发展智慧物流，发挥互联网平台优势，鼓励"无车承运人"发展。推广城市共同配送模式，支持物流综合信息服务平台建设。推进跨境电子商务发展
19	2015 年 7 月	中国物流与采购联合会	关于印发《物流标准化中长期发展规划(2015—2020 年)》的通知	国标委服务联〔2015〕54 号	为适应新形势下冷链物流发展的需要，建立全程冷链标准体系，结合国家食品药品监管有关规定，开展城乡食品和药品冷链配送服务、温度控制、服务质量及评价等标准的制定或修订
20	2015 年 11 月	国务院办公厅	国务院办公厅关于加快发展生活性服务业促进消费结构升级的指导意见	国办发〔2015〕85 号	优化城市流通网络，畅通农村商贸渠道，加强现代批发零售服务体系建设。合理规划城乡流通基础设施布局，鼓励发展重要商品储备设施、农产品冷链物流设施等

序号	发文时间	发文机关	文件名称	文号	相关内容
21	2015 年 11 月	国家食品药品监督管理总局	国家食品药品监督管理总局关于征求《超市生鲜食品包装和标签标注管理规范（征求意见稿）》意见的公告	—	对生鲜食品进行包装应当符合生鲜食品在运输、贮存、陈列和销售等过程中保障食品安全的需要，防止生鲜食品遭受机械损伤、腐败变质和二次污染
22	2016 年 1 月	农业部办公厅	农业部办公厅关于印发《农业电子商务试点方案》的通知	农办市〔2016〕1 号	要初步形成农产品电商标准体系、全程冷链物流配送体系，完善鲜活农产品流通的标准和业务规范
23	2016 年 1 月	中共中央、国务院	中共中央 国务院关于落实发展新理念加快农业现代化实现全面小康目标的若干意见	中发〔2016〕1 号	将进一步完善农产品冷链物流体系，开展冷链标准化示范等工作
24	2016 年 2 月	中国铁路总公司	铁路冷链物流网络布局"十三五"发展规划	铁总计统〔2016〕42 号	构建畅通高效的铁路冷链物流网络通道结构，形成布局合理、功能完善的铁路冷链物流网络
25	2016 年 3 月	中共中央、国务院	中华人民共和国国民经济和社会发展第十三个五年规划纲要	—	大力发展冷链物流等新兴贸易方式，为冷链行业的发展、方向与未来提出规划意见
26	2016 年 3 月	商务部、发展改革委等 6 部门	商务部等六部门关于印发《全国电子商务物流发展专项规划（2016—2020年）》的通知	商流通发〔2016〕85 号	民生领域电商冷链物流发展获支持
27	2016 年 4 月	国务院办公厅	国务院办公厅印发关于深入实施"互联网流通"行动计划的意见	国办发〔2016〕24 号	国家高度重视冷链基础设施建设，加大对冷链系统建设等的政策性扶持力度，支持建设农产品流通全程冷链系统，重点加强全国重点农业产区冷库建设
28	2016 年 5 月	国务院办公厅	国务院办公厅关于印发 2016 年食品安全重点工作安排的通知	国办发〔2016〕30 号	健全食用农产品和食品冷链物流建设和运行标准，提高冷链物流水平，确保农产品流通安全
29	2016 年 6 月	国务院办公厅转发发展改革委	国务院办公厅关于转发国家发展改革委营造良好市场环境推动交通物流融合发展实施方案的通知	国办发〔2016〕43 号	建设冷链专业化物流设施设备，完善冷链运输服务规范，实现全程不断链

序号	发文时间	发文机关	文件名称	文号	相关内容
30	2016年6月	国家发展改革委等6部委	关于印发《京津冀农产品流通体系创新行动方案》的通知	发改经贸〔2016〕1361号	打造环首都1小时鲜活农产品流通圈，提高对冷链运输的需求与要求，建立安全稳定、创新高效的首都农产品冷链流通体系
31	2016年8月	商务部办公厅、国家标准化管理委员会	商务部办公厅 国家标准化管理委员会办公室关于开展农产品冷链流通标准化示范工作的通知	商办建函〔2016〕699号	将按照"以点带链，由易到难"的总体思路，重点围绕肉类、水产、果蔬等生鲜农产品，培育一批设施先进、标准严格、操作规范、运营稳定的农产品冷链流通标准化示范企业和示范城市
32	2017年2月	中共中央、国务院	中共中央 国务院关于深入推进农业供给侧结构性改革加快培育农业农村发展新动能的若干意见	中发〔2017〕1号	加强农产品冷链物流建设再次成为促进我国农业发展的重点
33	2017年2月	国务院办公厅	国务院办公厅印发关于进一步加强疫苗流通和预防接种管理工作的意见	国办发〔2017〕5号	在加强疫苗流通全过程管理提出，加强疫苗冷链配送管理
34	2017年2月	商务部、发展改革委等5部委	商贸物流发展"十三五"规划	—	在推动商贸物流专业化发展方面，重点强调了要建设标准健全、功能完善、上下游有效衔接的冷链物流服务体系
35	2017年4月	国务院办公厅	国务院办公厅印发关于加快发展冷链物流保障食品安全促进消费升级的意见	国办发〔2017〕29号	在健全冷链物流标准和服务规范体系、技术装备的创新和应用、加大行业监管力度等方面的政策设计中，明确提出了特点鲜明的发展要求
36	2017年4月	商务部、中国农业发展银行	商务部 中国农业发展银行关于共同推进农产品和农村市场体系建设的通知	商建函〔2017〕153号	在农产品冷链物流体系建设方面，提高农产品产地预冷、低温加工、冷链仓储配送能力，加快绿色环保冷藏冷冻设施设备与技术应用，强化冷链物流全程监控管理，提高冷链物流效率和监管水平
37	2017年5月	科技部	科技部关于印发《"十三五"食品科技创新专项规划》的通知	国科发农〔2017〕143号	在冷链物流推进食品产业科技发展方面布置了重点任务

序号	发文时间	发文机关	文件名称	文号	相关内容
38	2017年4月	国务院办公厅	国务院办公厅关于加快发展冷链物流保障食品安全促进消费升级的意见	国办发〔2017〕29号	在加快促进冷链物流健康规范发展，保障鲜活农产品和食品流通安全，支撑产业转型发展和居民消费升级
39	2017年12月	交通运输部	交通运输部关于印发《交通运输行业质量提升行动实施方案》的通知	交科技发〔2017〕199号	充分发挥交通运输在冷链物流中的基础性作用，完善冷链物流服务体系，提升冷链物流服务品质
40	2017年12月	商务部、公安部等4部委	商务部 公安部 交通运输部 国家邮政局 供销合作总社关于印发《城乡高效配送专项行动计划（2017—2020年）》的通知	商流通函〔2017〕917号	完善农村配送网络，农产品主产区乡镇重点建设公共冷链设施。加强装备技术推广应用，支持应用先进技术设备，加强末端冷链设施建设，实现冷链不断链、可监控
41	2017年12月	国家卫生计生委、食品药品监管总局	卫生计生委 食品药品监管总局关于印发疫苗储存和运输管理规范（2017年版）的通知	国卫疾控发〔2017〕60号	提出疫苗冷链储存运输实施分类管理。要求逐步提高冷链设备装备水平和冷链温度监测管理水平。规范疫苗储存、运输中的管理工作。加强疫苗储存运输中温度异常的管理
42	2018年1月	中共中央、国务院	中共中央 国务院关于实施乡村振兴战略的意见	中发〔2018〕1号	加强农产品产后分级、包装、营销，建设现代化农产品冷链仓储物流体系
43	2018年1月	农业部办公厅	农业部办公厅关于印发《2018年种植业工作要点》的通知	农办农〔2018〕1号	积极发展保鲜、贮藏、分级、包装等采后处理、冷链物流，支持主产区农产品就地加工转化增值
44	2018年3月	农业部办公厅	农业部办公厅关于印发《2018年农业部网络安全与信息化工作要点》的通知	农办市〔2018〕9号	加强农产品分等分级、加工包装、物流仓储、冷链等基础设施建设，实施农产品供应链管理
45	2018年3月	农业部办公厅、国家农业综合开发办公室、中国农业银行办公室	关于开展农业产业化联合体支持政策创新试点工作的通知	农办经〔2018〕3号	龙头企业重点支持其发展农产品加工、冷链、物流和其他新业态

序号	发文时间	发文机关	文件名称	文号	相关内容
46	2016 年 8 月	商务部办公厅、国家标准化管理委员会办公室	商务部办公厅 国家标准化管理委员会办公室关于开展农产品冷链流通标准化示范工作的通知	商办建函〔2016〕699 号	农产品冷链温度监控、全程冷链、农产品产地预冷等方面对试点城市和试点企业加强指导和服务，推动试点城市和试点企业对照
47	2018 年 5 月	民航局	民航局关于促进航空物流业发展的指导意见	民航发〔2018〕48 号	鼓励通过机场改扩建完善冷链、快件分拣等设施建设。进一步优化机场货运流程，结合航空快件、冷链货物、鲜活水产品等运输特点
48	2018 年 10 月	国务院办公厅	国务院办公厅关于印发推进运输结构调整三年行动计划（2018—2020 年）的通知	国办发〔2018〕91 号	支持各地开展集装箱运输、全程冷链运输等多式联运试点示范创建
49	2018 年 10 月	中华人民共和国海关总署	海关集约封闭式集装箱查验场地设置规范（试行）	—	设置独立的冷链货物查验区。同时设置冷链货物站存库（区），并配套设置冷冻产品无菌取样间
50	2018 年 10 月	国务院	国务院关于印发中国（海南）自由贸易试验区总体方案的通知	国发〔2018〕34 号	加强冷链基础设施网络建设，打造出岛快速冷链通道，提供高质量的冷链快递物流服务
51	2019 年 1 月	中共中央、国务院	中共中央 国务院关于坚持农业农村优先发展做好"三农"工作的若干意见	—	加强农产品物流骨干网络和冷链物流体系建设。完善县乡村物流基础设施网络，支持产地建设农产品贮藏保鲜、分级包装等设施
52	2019 年 2 月	发改委等 24 部委	关于推动物流高质量发展促进形成强大国内市场的意见	发改经贸〔2019〕352 号	加强农产品冷链物流体系建设。鼓励创新冷链物流基础设施经营模式。发展第三方冷链物流全程监控平台和冷链物流新模式
53	2019 年 5 月	中共中央、国务院	中共中央 国务院关于深化改革加强食品安全工作的意见	—	提出建立覆盖全链条的冷链配送系统，严格执行全过程温控标准和规范。提出大力发展专业化、规模化冷链物流企业
54	2019 年 5 月	国务院办公厅	国务院办公厅关于印发深化收费公路制度改革取消高速公路省界收费站实施方案的通知	国办发〔2019〕23 号	实现不停车快捷收费，提高鲜活农产品运输车辆通行效率，减少拥堵，优化鲜活农产品运输"绿色通道"政策

续　表

序号	发文时间	发文机关	文件名称	文号	相关内容
55	2019 年 6 月	发改委等 7 部委	关于印发《绿色高效制冷行动方案》的通知	发改环资〔2019〕1054 号	我国将大幅提高制冷产品能效标准水平，强制淘汰低效制冷产品
56	2019 年 9 月	交通运输部、国家税务总局	交通运输部 国家税务总局关于印发《网络平台道路货物运输经营管理暂行办法》的通知	交运规〔2019〕12 号	确定了网络货运经营条件。明确了各级交通运输管理部门的管理工作职责
57	2019 年 10 月	国务院	中华人民共和国食品安全法实施条例	国令第 721 号	贮存、运输对温度、湿度等有特殊要求的食品，应当具备保温、冷藏或者冷冻等设备设施，并保持有效运行
58	2020 年 2 月	中共中央、国务院	中共中央 国务院关于抓好"三农"领域重点工作确保如期实现全面小康的意见	—	加强农产品冷链物流统筹规划、分级布局和标准制定。安排中央预算内投资，支持建设一批骨干冷链物流基地
59	2020 年 3 月	市场监管总局	市场监管总局关于加强冷藏冷冻食品质量安全管理的公告	2020 年第 10 号	加强冷藏冷冻食品在贮存运输过程中质量安全管理，具体提出了更加严格的管理要求
60	2020 年 3 月	国家发改委办公厅	关于开展首批国家骨干冷链物流基地建设工作的通知	—	发展冷链物流支持生鲜农产品生产，将开展首批国家骨干冷链物流基地建设工作
61	2020 年 4 月	农业农村部等 4 部委	农业农村部 国家发展改革委 财政部 商务部关于实施"互联网＋"农产品出村进城工程的指导意见		加强冷链物流集散中心建设；提高农产品包装保鲜技术水平；加强农产品全程冷链物流配送保障
62	2020 年 6 月	交通运输部	交通运输部关于印发《道路货运车辆、从业人员及场站新冠肺炎疫情防控工作指南》的通知	交运明电〔2020〕199 号	要求各地交通运输主管部门督促指导经营者严格按照要求做好工作。冷藏保鲜货物运输车辆进出中高风险区域的，需要登记
63	2020 年 5 月	发改经贸	关于进一步优化发展环境 促进生鲜农产品流通的实施意见	发改经贸〔2020〕809 号	加强政府公益性配套，着力补齐生鲜农产品流通设施短板，按照公益性设施给予一定比例的配套支持

序号	发文时间	发文机关	文件名称	文号	相关内容
64	2020 年 6 月	国务院办公厅	国务院办公厅转发国家发展改革委交通运输部关于进一步降低物流成本实施意见的通知	国办发〔2020〕10 号	进一步降低物流成本、提升物流效率，加快恢复生产生活秩序，并提出六个方面政策措施
65	2020 年 6 月	农业农村部办公厅	农业农村部办公厅关于进一步加强农产品仓储保鲜冷链设施建设工作的通知	农办市〔2020〕8 号	进一步推进农产品仓储保鲜冷链设施建设工作，规范过程，加大政策支持，注重监督管理，优化指导服务，最大限度发挥政策效益
66	2020 年 7 月	国家发展改革委	国家发展改革委印发《关于做好 2020 年国家骨干冷链物流基地建设工作的通知》	发改经贸〔2020〕1066 号	关于城乡冷链物流设施补短板和建设国家骨干冷链物流基地的决策部署
67	2020 年 10 月	食品安全标准与监测评估司	关于印发冷链食品生产经营新冠病毒防控技术指南和冷链食品生产经营过程新冠病毒防控消毒技术指南的通知	联防联控机制综发〔2020〕245 号	以预防冷链食品从业和相关人员受到新冠病毒感染为主线，突出装卸储运等重点环节防控，注重加强冷链食品包装的清洁消毒等各环节中新冠病毒污染的防控。指导新冠肺炎疫情防控常态化期间，正常运营的食品生产经营单位和个人，在生产、装卸、运输、贮存及销售等过程中对来自国内外新冠肺炎疫情高风险区冷链食品的消毒
68	2020 年 11 月	卫生健康委员会	关于进一步做好冷链食品追溯管理工作的通知	联防联控机制综发〔2020〕263 号	以畜禽肉、水产品等为重点，实现重点冷链食品从海关进口查验到贮存分销、生产加工、批发零售、餐饮服务全链条信息化追溯，完善人物同查、人物共防措施，建立问题产品的快速精准反应机制，严格管控疫情风险，维护公众身体健康
69	2021 年 4 月	交通运输部、公安部、国家卫健委等	关于进一步做好新冠病毒疫苗货物运输组织和服务保障工作的通知	交运明电〔2021〕77 号	指导医药冷链道路运输企业遴选经验丰富、专业素质强的人员成立疫苗运输保障队，强化技术培训

序号	发文时间	发文机关	文件名称	文号	相关内容
70	2021年5月	农业农村部	农业农村部关于加快农业全产业链培育发展的指导意见	农产发〔2021〕2号	鼓励建设农产品产地市场、骨干冷链物流基地、区域物流中心、直销配送中心、电商交易中心，提升农产品产地集散分销能力。创新发展农商直供、预制菜肴、餐饮外卖、冷链配送等业态，开发推广"原料基地+中央厨房+物流配送""中央厨房+餐饮门店"等模式
71	2021年6月	国家发展改革委	关于印发《城乡冷链和国家物流枢纽建设中央预算内投资专项管理办法》的通知	发改经贸规〔2021〕817号	明确将冷链物流设施项目纳入中央预算内投资专项，重点支持服务于肉类屠宰加工及流通的冷链物流设施项目（不含屠宰加工线等生产设施），公共冷库新建、改扩建、智能化改造及相关配套设施项目
72	2021年5月	财政部、农业农村部	关于实施渔业发展支持政策推动渔业高质量发展的通知	财农〔2021〕41号	提出支持深水网箱和大型智能养殖装备等深远海养殖设施装备建设，支持水产品初加工和冷藏保鲜等设施装备建设
73	2021年8月	商务部、国家发展改革委等	商务部等9部门关于印发《商贸物流高质量发展专项行动计划（2021—2025年)》的通知	—	加快推进冷链物流发展。加强冷链物流规划，布局建设一批国家骨干冷链物流基地，支持大型农产品批发市场、进出口口岸等建设改造冷冻冷藏仓储设施，推广应用移动冷库、恒温冷藏车、冷藏箱等新型冷链设施设备
74	2021年8月	国务院办公厅	国务院办公厅关于加快农村寄递物流体系建设的意见	国办发〔2021〕29号	鼓励邮政快递企业、供销合作社和其他社会资本在农产品田头市场合作建设预冷保鲜、低温分拣、冷藏仓储等设施，引导支持邮政快递企业逐步建立覆盖生产流通各环节的冷链寄递物流体系
75	2021年10月	农业农村部	农业农村部关于促进农业产业化龙头企业做大做强的意见	农产发〔2021〕5号	鼓励龙头企业完善配送及综合服务网络，在大中城市郊区发展工厂化、立体化、园艺化农业，推广"生鲜电商+冷链宅配""中央厨房+食材冷链配送"等新模式，提高鲜活农产品供应保障能力

序号	发文时间	发文机关	文件名称	文号	相关内容
76	2021 年 12 月	国务院办公厅	国务院办公厅关于印发"十四五"冷链物流发展规划的通知	国办发〔2021〕46 号	到 2025 年，初步形成衔接产地销地、覆盖城市乡村、联通国内国际的冷链物流网络，基本建成符合我国国情和产业结构特点、适应经济社会发展需要的冷链物流体系
77	2021 年 12 月	国家发展改革委	国家骨干冷链物流基地建设实施方案	发改经贸〔2021〕1809 号	到 2025 年，布局建设 100 个左右国家骨干冷链物流基地，基本建成以国家骨干冷链物流基地为核心、产销冷链集配中心和两端冷链物流设施为支撑的三级冷链物流节点设施网络

表 A－2　　　　　　　　　　2011—2021 年北京市出台部分冷链物流政策

序号	发文时间	发文机关	文件名称	文号	相关内容
1	2011 年 9 月	北京市卫生局、北京市教育委员会、北京市药品监督管理局	关于开展北京市 2011 年流感疫苗预防接种工作的通知	京卫疾控字〔2011〕96 号	在疫苗运输、保藏过程中要充分利用现有的计划免疫冷链系统，尽量缩短存运时间，保证疫苗运输的全过程冷链
2	2011 年 11 月	北京市商务委员会、北京市发展和改革委员会	北京市"十二五"时期物流业发展规划	—	加快推进物流业结构调整与创新，更加注重物流系统运行效率的提高和服务保障能力的增强，进一步完善高效、集约、低碳的城市物流体系，提升物流业发展的现代化、国际化水平，打造具有广泛国际影响力的物流中心城市
3	2012 年 9 月	北京市人民政府办公厅	北京市人民政府办公厅印发关于落实促进物流业健康发展政策措施实施意见的通知	京政办发〔2012〕8 号	加快冷链物流设施建设，逐步建立食品冷链物流全程追溯系统和肉类产品全程信息系统
4	2012 年 3 月	北京市卫生局	北京市卫生局关于印发《2012 年餐饮服务食品安全监督抽检工作计划》的通知	京卫法监字〔2012〕25 号	样品采集要求冷链运送
5	2012 年 4 月	北京市卫生局	北京市卫生局关于印发《2012 年北京市疾病预防控制工作要点》的通知	京卫疾控字〔2012〕15 号	规范接种服务，强化疫苗流通和冷链运转管理，确保疫苗安全有效
6	2012 年 4 月	北京市人民政府办公厅	北京市人民政府办公厅关于印发首都标准化战略纲要重点任务分解方案的通知	京政办发〔2012〕22 号	研究建立流通环节食品安全技术标准体系。重点在食品冷链运输及销售、食品供应链追溯等方面
7	2012 年 7 月	北京市经济和信息化委员会	北京市经济信息化委关于印发《北京市"十二五"时期企业技术改造指导目录》通知	京经信委发〔2012〕88 号	食品行业的粮油、冷链食品在储藏与物流中以及高新加工技术、工艺的开发和应用

序号	发文时间	发文机关	文件名称	文号	相关内容
8	2014年10月	北京市商务委员会、北京市财政局	北京市商务委员会北京市财政局关于2015年商业流通发展项目申报工作的通知	京商务财务字〔2014〕38号	资金支持现代物流发展项目，支持冷链物流等示范类、升级。促进餐饮业发展项目，支持餐饮企业采取互联网、冷链配送等先进技术
9	2014年12月	北京市食品药品监督管理局	北京市食品药品监督管理局关于印发《即食鲜切蔬果生产许可审查细则（2014版）》的通知	京食药监食生〔2014〕25号	冷链运输在规定的基本生产流程当中
10	2015年5月	北京市卫生和计划生育委员会	北京市卫生和计划生育委员会关于印发2015年疾病预防控制工作要点的通知	—	实施疫苗冷链管理全过程、全天候、全覆盖的"三全建设"
11	2015年6月	北京市民政局、北京市财政局、北京市老龄工作委员会办公厅	北京市民政局 北京市财政局 北京市老龄工作委员会办公室关于2015年开展养老助餐服务体系试点建设工作的通知	京民老龄发〔2015〕217号	海淀区要在挖掘现有服务资源的基础上，充分发挥养老照料中心功能和推广"中央厨房＋冷链运输＋社区配餐"的服务模式
12	2015年12月	北京市平谷区人民政府	北京市平谷区人民政府关于印发平谷区促进电子商务发展暂行办法的通知	京平政发〔2015〕44号	依托冷链经营本区生鲜农产品的电子商务企业及从事跨境进出口贸易的电子商务企业给予优先支持
13	2016年3月	北京市食品药品监督管理局、北京市农业局	北京市食品药品监督管理局 北京市农业局关于印发《北京市畜禽产品食品安全监督管理暂行办法》的通知	—	运输畜禽产品的车辆应当使用专用的封闭式冷链运输车辆
14	2016年6月	北京市商务委员会、北京市发展和改革委员会	关于印发《北京市"十三五"时期物流业发展规划》的通知	京商务综字〔2016〕3号	重点建设工程包括城市冷链配送提升工程和环京津1小时鲜活农产品物流圈建设工程

序号	发文时间	发文机关	文件名称	文号	相关内容
15	2016 年 7 月	北京市商务委员会	北京市商务委员会关于开展 2016 年北京市物流标准化试点项目申报工作的通知	京商务物流字〔2016〕6 号	推进"环首都 1 小时鲜活农产品物流圈"建设
16	2016 年 7 月	北京市商务委员会、北京市财政局	北京市商务委员会北京市财政局关于2016 年度支持北京地区跨境电子商务发展的通知	京商务电商字〔2016〕10 号	支持方向包括跨境电商专用冷链库建设等的建设
17	2016 年 6 月	昌平区人民政府	北京市昌平区人民政府关于扶持农业产业化发展的意见	昌政发〔2016〕9 号	加快鲜活农产品物流体系建设,建立农产品冷链物流链条,对发展冷冻贮藏、冷藏运输及冷链配送销售的项目给予支持
18	2017 年 4 月	北京市商务委员会	北京市商务委员会北京市财政局 北京市质量技术监督局关于 2016年—2017年北京市物流标准化试点工作有关事项的通知	京商务物流字〔2017〕3 号	试点资金支持范围包括,支持鲜活农产品冷库等设施的更新和建设,提升冷链服务能力和质量。支持搭建冷链物流等物流标准化的专项信息平台
19	2017 年 5 月	北京市人民政府残疾人工作委员会	关于印发《北京市残疾预防行动计划(2017 — 2020年)》的通知	京残工委〔2017〕6 号	加强疫苗冷链系统建设和维护,规范预防接种行为,着力减少疾病致残
20	2017 年 12 月	北京市质量技术监督局	北京市质量技术监督局关于印发 2017版北京市重点发展的技术标准领域和重点标准方向的通知	京质监发〔2017〕81 号	建设现代物流标准包括智慧物流配送、冷链储运系统标准的建设
21	2017 年 12 月	北京市人民政府办公厅	北京市人民政府办公厅关于印发《北京市深入推进"互联网+流通"行动实施方案》的通知	京政办发〔2017〕50 号	加强冷链物流基础设施建设,鼓励企业完善智慧物流体系,提升冷链运输和安全监控能力,发展全程冷链物流服务模式
22	2018 年 6 月	北京市商务委员会	北京市商务委员会关于申报 2018 年度第一批商务发展项目的通知	京商务财务字〔2018〕9 号	支持冷链物流基础设施建设,冷链物流装备与技术升级,支持上下游高效衔接的全程冷链物流服务,鼓励冷链配送及模式多元化创新发展

序号	发文时间	发文机关	文件名称	文号	相关内容
23	2018 年 10 月	北京市人民政府办公厅	北京市人民政府办公厅关于印发《近期食品药品安全重点工作安排》的通知	—	促进食品药品产业高质量发展，加快提升冷链基础设施水平，升级冷链装备与技术，完善冷链物流服务网络
24	2018 年 11 月	北京市商务委员会	北京市商务委员会 北京市发展和改革委员会 北京市规划和国土资源管理委员会 北京市财政局 北京市交通委员会 北京市工商行政管理局 国家税务总局 北京市税务局 北京市公安局公安交通管理局 北京市邮政管理局关于推进北京市物流业降本增效的实施意见	京商务物流字〔2018〕15 号	制定末端食品冷链宅配服务规范地方标准。构建布局合理、设施设备先进、功能完善的冷链物流配送服务网络
25	2018 年 11 月	北京市商务局、北京市财政局	北京市商务局 北京市财政局关于印发《北京市流通领域现代供应链体系建设试点项目与资金管理办法》的通知	京商物流字〔2018〕1 号	试点资金重点支持农产品、医药以及餐饮、冷链、电子商务等民生消费行业领域
26	2019 年 6 月	中共北京市委、北京市人民政府	中共北京市委 北京市人民政府印发《关于落实农业农村优先发展扎实推进乡村振兴战略实施的工作方案》的通知	—	加强乡村流通现代化建设。打造线上线下相结合的乡村流通新模式。引导和支持品牌连锁企业向乡村延伸，提高农产品冷链流通率
27	2018 年 12 月	中共北京市委、北京市人民政府	中共北京市委 北京市人民政府关于印发《北京市乡村振兴战略规划（2018—2022 年）》的通知	—	推动建立农产品采后处理和冷链经营体系，对农产品实行采后防腐等商品化处理，提高农产品商品化处理率、果蔬低温储藏能力等

序号	发文时间	发文机关	文件名称	文号	相关内容
28	2020年6月	北京市卫生健康委员会	北京市卫生健康委员会关于印发2020年疾病预防控制工作要点的通知	—	完善我市疫苗冷链储存管理、疫苗配送管理等各项疫苗管理制度
29	2020年6月	中共北京市委、北京市人民政府	北京市促进新消费引领品质新生活行动方案	—	加快商贸物流领域新基建进度，支持技术应用，鼓励企业共建共享冷链物流配送中心
30	2020年6月	北京市疾病预防控制中心	进口冷链食品防疫指引	—	加强冷链食品及存储运输环节的预防性消毒
31	2020年8月	北京市商务局、北京市市场监督管理局、北京市卫生健康委员会、北京海关、北京市农业农村局、北京市交通委员会	北京市商务局 北京市市场监督管理局 北京市卫生健康委员会 北京海关 北京市农业农村局 北京市交通委员会关于新冠肺炎常态化防控下加强食品冷链物流管理的通知	京商物流字〔2020〕5号	要求冷链各环节尽量实现人员无接触作业，进口冷链食品进口商或货主应配合相关部门对食品及其包装进行采样检测；鼓励"免验货"信任交接，减少人员接触
32	2020年8月	北京市农业农村局、北京市商务局	北京市农业农村局 北京市商务局关于加强新冠肺炎疫情防控期间本地农产品销售工作的紧急通知	京政农发〔2020〕17号	—
33	2020年9月	北京市商务局	关于进一步加强我市进口企业提高防范进口冷链食品新冠病毒输入风险意识的通知	京商外运字〔2020〕32号	要求各相关企业加强境外源头防控，主动规避从疫情严重地区进口冷链食品，积极采取有效措施，做好进口食品各项替代方案

续　表

序号	发文时间	发文机关	文件名称	文号	相关内容
34	2020 年 10 月	北京市市场监督管理局、北京市商务局	北京市市场监督管理局 北京市商务局关于推广应用北京市冷链食品追溯平台的通告	—	督促引导进口冷链食品生产经营单位严格落实食品追溯主体责任，全面开展进口冷藏冷冻肉类、水产品追溯管理，实现进口冷藏冷冻肉类、水产品"来源可追、去向可查"
35	2021 年 4 月	北京市农业农村局	农业农村部办公厅 财政部办公厅关于全面推进农产品产地冷藏保鲜设施建设的通知	农办市〔2021〕7 号	为全面推进 2021 年农产品产地冷藏保鲜设施建设，完善农业产业链供应链，促进产业和消费"双升级"
36	2021 年 10 月	北京市发展和改革委员会、北京市财政局、北京市农业农村局、北京市商务局、北京市市场监管局	北京市发展和改革委员会等 5 部门关于印发北京市完善政府猪肉储备调节机制做好猪肉市场保供稳价工作预案的通知	京发改〔2021〕1442 号	健全冷链物流体系。完善冷链物流基础设施网络，分级建设综合性农产品批发市场，适度扩容鲜活农产品流通中心，支持利用工业厂房改造建设冷链物流基础设施，提高冷链物流服务效率和质量
37	2021 年 8 月	北京市人民政府	北京市"十四五"时期乡村振兴战略实施规划	京政发〔2021〕20 号	加强农产品仓储保鲜和冷链物流设施建设，结合全市物流专项规划，建设 40 个农产品仓储保鲜冷链物流设施，提升"互联网＋"农产品出村进城能力。探索"互联网＋田头市场＋电商企业＋城市终端配送"的新模式。到 2025 年，全市生鲜农产品冷链流通率提升到 50%
38	2021 年 9 月	北京市商务部	关于印发《北京市"十四五"时期商业服务业发展规划》的通知	京商规字〔2021〕4 号	推动冷链物流设施、装备与技术改造升级，支持建设具有集中采购和配送能力的冷链物流中心。加强农产品冷链物流配送网络建设，完善连锁企业生鲜配送中心和大型农产品批发市场的冷链配套设施，构建城市末端冷链配送设施网络

附录 B

冷链物流相关标准

冷链物流相关标准，如表 B-1～表 B-3 所示。

表 B-1　　　　　　　　　　　　　冷链物流基础标准

序号	标准编号	标准名称	发布日期	实施日期	规定范围
1	GB 7718—2004	预包装食品标签通则	2004.05.09	2005.10.01	本标准适用于直接提供给消费者的预包装食品标签和非直接提供给消费者的预包装食品标签。本标准不适用于为预包装食品在储藏运输过程中提供保护的食品储运包装标签、散装食品和现制现售食品的标识
2	GB/T 26604—2011	肉制品分类	2011.06.16	2011.12.01	本标准规定了肉制品分类的原则及其分类。适用于肉制品的生产、销售和检验
3	GB/T 18517—2012	制冷术语	2012.11.05	2013.03.01	本标准界定了制冷术语。本标准适用于制冷专业的产品制造、工程设计、施工、维护管理以及科研、教育等领域
4	GB/T 28577—2012	冷链物流分类与基本要求	2012.06.29	2012.10.01	本标准规定了冷链物流的分类和冷链物流的基本要求。适用于冷链物流管理。本标准规定了冷链物流的相关术语和定义、冷链物流分类和冷链物流的基本要求。本标准适用于冷链物流管理
5	GB/T 30590—2014	冷冻饮品分类	2014.09.30	2015.02.01	本标准规定了冷冻饮品的术语、定义和分类。本标准适用于冷冻饮品的生产、检验和销售

续　表

序号	标准编号	标准名称	发布日期	实施日期	规定范围
6	GB/T 21001.1—2015	制冷陈列柜第1部分：术语	2015.09.11	2016.04.01	GB/T 21001 的本部分规定了用于销售和陈列食品的制冷陈列柜的术语和定义。本部分不适用于制冷自动售货机和适用于餐饮的非零售用的制冷陈列柜
7	GB/T 32950—2016	鲜活农产品标签标识	2016.08.29	2017.03.01	本标准规定了鲜活农产品标签标识的基本要求、内容、方式等。本标准适用于鲜活农产品的标签标识，包括预包装、散装、裸装、储运包装以及现制现售的可食用鲜活农产品和非食用鲜活农产品的标签标识
8	GB/T 34262—2017	蛋与蛋制品术语和分类	2017.09.07	2018.04.01	本标准规定了蛋与蛋制品的术语及其定义，分类原则和分类。本标准适用于蛋与蛋制品的加工、检验、物流和销售
9	GB/T 34343—2017	农产品物流包装容器通用技术要求	2017.10.14	2018.05.01	本标准规定了农产品物流包装容器的基本要求、质量要求等内容。本标准适用于农产品物流包装容器的设计、制造、销售和检测
10	GB/T 34343—2017	农产品物流包装容器通用技术要求	2017.10.14	2018.05.01	本标准规定了农产品物流包装容器的基本要求、质量要求、标志要求等内容。本标准适用于农产品物流包装容器的设计、制造、销售和检测
11	GB/T 36193—2018	水产品加工术语	2018.05.14	2018.12.01	本标准规定了水产品加工领域常用的基本术语，适用于水产品加工业的生产、流通、科研、教学及管理等相关领域
12	GB/T 24358—2019	物流中心分类与规划基本要求	2019.05.10	2019.12.01	本标准给出了物流中心的分类类型，规定了物流中心规划的基本要求，适用于政府主管部门对我国各类物流中心的界定
13	GB/T 37710—2019	粮食物流名词术语	2019.06.04	2020.01.01	本标准界定了粮食物流活动中的基础术语和粮食物流技术、设施设备、信息、经济与管理的术语及其定义。本标准适用于与粮食物流相关的生产、运营、贸易等领域

序号	标准编号	标准名称	发布日期	实施日期	规定范围
14	GB/T 28577—2021	冷链物流分类与基本要求	2021.11.26	2022.06.01	本标准规定了冷链物流的分类，以及设施设备、信息系统、温度控制、物品保护、质量管理、人员要求、安全管理、环境保护等方面的基本要求，适用于冷链物流及相关领域的管理与运作
15	GB/T 40956—2021	食品冷链物流交接规范	2021.11.26	2022.06.01	本文件规定了食品冷链物流交接作业的总体要求和入库、出库、配送交接要求，适用于食品冷链物流过程中的交接管理
16	QB/T 5284—2018	冷冻食品与分类	2018.07.04	2019.01.01	规定了冷冻食品的术语、分类。适用于冷冻食品工业管理、生产、科研、教学及其他有关领域
17	SB/T 10794.1—2012	商用冷柜 第1部分：术语	2012.09.19	2012.12.01	本部分规定了用于销售和储存食品的商用冷柜的术语和定义
18	SB/T 11073—2013	速冻食品术语	2014.04.06	2014.12.01	本标准规定了速冻食品的通用术语、产品术语与定义。本标准适用于速冻食品的生产、检验、物流和销售服务
19	SC/T 3035—2018	水产品包装、标识通则	2018.12.19	2019.06.01	规定了水产品的包装和标识要求。适用于水产品的包装和标识
20	WB/T 1055—2015	物流从业人员职业能力要求 第1部分：仓储配送作业与作业管理	2015.10.21	2016.02.01	本部分对物流从业人员仓储、配送作业与作业管理的职业能力提出了规范性要求，适用于各类物流企业在仓储、配送的作业和作业管理，生产、商贸流通等企业的物流相关部门可参照使用
21	WB/T 1056—2015	物流从业人员职业能力要求 第2部分：运输运输作业与作业管理	2015.10.21	2016.02.01	本部分规定了物流从业人员运输、运输代理作业与作业管理的职业能力要求。本部分适用于公路运输、铁路运输、航空运输、水路运输和运输代理等各类物流企业的运输、运输代理作业和作业管理，生产、商贸流通等企业的物流相关部门可参照使用
22	T/CFLP 0005—2017	冷链物流从业人员能力要求	2017.05.09	2017.06.01	本标准规定了冷链物流从业人员的能力要求等级、主要职责及职业能力要求。适用于冷链物流从业人员的考核与评估，聘用、教育和职业培训

表 B-2　　　　　　　　　　　　　冷链物流设施设备标准

分类	标准编号	标准名称	发布日期	实施日期	规定范围
冷库	GB 28009—2011	冷库安全规程	2011.12.30	2012.12.01	规定了冷库设计、施工、运行管理及制冷系统长时间停机时的安全要求。适用于以氨、卤代烃等为制冷剂的直接制冷系统及间接制冷系统的冷库。其他类型的冷库和制冷系统可参照执行。不适用于作为产品出售的室内装配式冷库
	GB/T 29372—2012	食用农产品保鲜贮藏管理规范	2012.12.31	2013.07.14	本标准规定了食用农产品保鲜贮藏基本要求、贮藏前的准备、贮藏及运输要求。本标准适用于果蔬、肉类等的保鲜贮藏
	GB/T 30103.1—2013	冷库热工性能试验方法 第1部分：温度和湿度检测	2013.12.17	2014.11.01	本部分规定了各种类型冷库主要性能参数温度和湿度的检测方法。本部分适用于各型冷库的所有冷间及制冷系统中温度和湿度分布、表面温度、环境温度、制冷剂温度、冷风机入出口温度和湿度的测定
	GB/T 30103.2—2013	冷库热工性能试验方法 第2部分：风速检测	2013.12.17	2014.11.01	本部分规定了各种类型冷库主要热工性能的风速参数检测方法。本部分适用于各种类型冷库的所有冷间内有关风速分布的测定
	GB/T 30134—2013	冷库管理规范	2013.12.07	2014.12.01	本标准规定了冷库制冷、电气、给排水系统，库房建筑及相应的设备设施运行管理、维护保养要求和食品贮存管理要求。本标准适用于贮存肉、禽、蛋、水产及果蔬类的食品冷库，贮存其他货物的冷库可参照执行
	GB/T 31078—2014	低温仓储作业规范	2014.12.22	2015.07.01	本标准规定了低温仓储的入库作业、储存作业、出库作业、环境控制、安全控制及信息处理的要求。本标准适用于公共低温仓库的仓储作业活动，自营低温仓库的仓储作业活动可参照执行。本标准不适用于人工调控气体成分的低温仓库、仓储作业自动化的低温仓库、储存危险品或有毒有害物品的低温仓库，以及国家相关部门有特殊要求的低温仓库的仓储作业活动

分类	标准编号	标准名称	发布日期	实施日期	规定范围
冷库	CB/T 4266—2014	船用食品冷库	2014.05.06	2014.10.01	本标准规定了以硬质聚氨酯泡沫为隔热层组合而成的船用食品冷库的分类和标记、要求、试验方法、检验规则、标志、包装、运输及储存。本标准适用于冷库的制造和验收
	JB/T 9061—2018	组合冷库	2018.04.30	2018.12.01	本标准规定了组合冷库的术语和定义、型式、型号与基本参数、技术要求、试验方法、检验规则以及标志、包装、运输和贮存。本标准适用于在工厂生产、可部分或整体发运的冷库
	SB/T 10870.1—2012	农产品产地集配中心建设规范	2013.01.04	2013.07.01	本标准规定了农产品产地集配中心的场地环境要求、设施设备要求和管理要求。本标准适用于以果蔬为主的农产品产地集配中心建设与评价,其他农产品产地集配中心可参照执行
	SB/T 10873—2012	生鲜农产品配送中心管理技术规范	2013.01.04	2013.07.01	本标准规定了生鲜农产品配送中心的基本要求、场地环境要求、经营设施设备要求、供应商管理要求和经营管理要求。本标准适用于生鲜农产品配送中心的运营管理
	SB/T 11091—2014	冷库节能运行技术规范	2014.07.30	2015.03.01	本标准规定了冷库节能运行技术规范的基本要求、冷库建筑的节能要求、制冷系统运行中的节能操作条件、制冷设备运行中的节能条件和制冷系统与设备维护的节能操作等要求。标准适用于 $500m^3$ 以上的冷库
	T/DAWS 001—2016	冷藏、冷冻食品仓储操作管理规范	2016.12.30	2016.12.30	本标准规定了冷藏、冷冻食品仓储操作管理的术语和定义、岗位任职要求、仓储作业管理等环节管理的要求。本标准适用于冷藏、冷冻食品类物料储存、包装、配送型仓储企业仓储操作的管理
	T/HZBX 014—2019	冷链物流冷库	2019.08.01	2019.08.20	本标准规定了冷链物流中冷库的术语和定义、环境要求、设计要求、存放设备、温控系统、安全要求及使用规范。本标准使用于食品与原料的冷冻冷藏场所

续　表

分类	标准编号	标准名称	发布日期	实施日期	规定范围
冷库	GB 50072—2021	冷库设计标准	2021.06.28	2021.12.01	本标准适用于采用氢、卤代烃及其混合物、二氧化碳为制冷剂的亚临界蒸汽压缩直接式制冷系统和采用二氧化碳、盐水等为载冷剂的间接式制冷系统的新建、扩建和改建食品冷库
	GB 51440—2021	冷库施工及验收标准	2021.06.28	2021.12.01	本标准适用于采用氢、卤代烃及其混合物、二氧化碳为制冷剂的亚临界蒸气压缩直接式制冷系统和采用二氧化碳、盐水等为载冷剂的间接式制冷系统的新建、扩建、改建食品冷库施工及验收
冷藏车	GB 29753—2013	道路运输食品与生物制品冷藏车安全要求及试验方法	2013.09.18	2014.07.01	本标准规定了冷藏车的术语和定义、分类、要求及试验方法。本标准适用于采用已定型汽车整车或二类、三类底盘上改装的装备机械制冷机组的道路运输易腐食品与生物制品的冷藏车和冷藏半挂车
	GB 1589—2016	汽车、挂车及汽车列车外廓尺寸、轴荷及质量限值	2016.07.26	2016.07.26	本标准规定了汽车、挂车及汽车列车的外廓尺寸、轴荷及质量的限值。标准适用于在道路上使用的汽车（最大设计总质量超过26 000 kg的汽车起重机除外）、挂车及汽车列车。不适用于军队装备的专用车辆
	QC/T 23—2014	鲜奶运输车辆	2014.10.14	2015.04.01	本标准规定了奶罐车的术语、产品分类、技术要求、试验方法、检验规则和标、运输、贮存等。本标准适用于定型汽车底盘改装的装运生鲜奶的罐式汽车及罐式半挂汽车列车
	SB/T 11092—2014	多温冷藏运输装备技术要求及测试方法	2014.07.30	2015.03.01	本标准规定了多温冷藏运输装备的分类和标记、技术要求、测试方法和检验规则等。标准适用于多温冷藏汽车、多温冷藏集装箱等各类多温冷藏运输装备。其他型式的多温多空间冷藏运输装备可参照标准执行

分类	标准编号	标准名称	发布日期	实施日期	规定范围
冷藏车	WB/T 1046—2012	易腐食品机动车辆冷藏运输要求	2012.03.24	2012.07.01	本标准提出了易腐食品机动车辆冷藏运输的技术要求及操作、设备维护要求。适用于易腐食品道路机动车辆冷藏运输活动
	WB/T 1060—2016	道路运输食品冷藏车功能选用技术规范	2016.10.24	2017.01.01	本标准规定了食品冷藏车的一般要求、其他要求、产品标识、功能选用。标准适用于道路运输食品冷藏车
	T/DGSWLHYXH 002—2019	冷链物流运输车辆作业管理规范业	2019.12.26	2020.01.16	本标准适用于冷冻冷藏食品运输用冷藏车的设施要求和作业管理
	T/HZBX 015—2019	冷链物流运输车辆作业管理规范	2019.08.01	2019.08.20	本标准规定了低温食品运输车辆的车厢性能、车辆装备、车体标识及运输作业要求。本标准适用于冷冻藏食品运输车辆的设施要求与管理
冷藏保温箱（厢）	GB/T 20154—2014	低温保存箱	2014.12.05	2015.12.01	本标准规定了低温保存箱的术语与定义、分类与命名、要求、试验方法、检验规则、标志、包装、运输、贮存。本标准适用于封闭式电动机驱动压缩式低温保存箱
	GB/T 31550—2015	冷链运输包装用低温瓦楞纸箱	2015.05.15	2016.01.01	本标准规定了冷链运输包装用低温瓦楞纸箱产品的分类、要求、试验方法、检验规则、标志、包装、运输和贮存。适用于冷链运输与贮存商品包装用低温单瓦楞纸箱、双瓦楞纸箱的设计、生产及检验
	GB/T 13145—2018	冷藏集装箱堆场技术管理要求	2018.03.15	2018.10.01	本标准规定了机械式冷藏集装箱堆场应具备的技术管理要求，适用于港口及中转站所设置的冷藏集装箱专用堆场。其他类型冷藏集装箱专用堆场可参照使用。本标准所规定的堆场适于堆存1EEE、1EE、1AAA、1AA、1A、1CC和1C型机械式冷藏集装箱，但不适用于装载危险货物的机械式冷藏集装箱

分类	标准编号	标准名称	发布日期	实施日期	规定范围
冷藏保温箱（厢）	JB/T 6898—2015	低温液体贮运设备使用安全规则	2015.04.30	2015.10.01	本标准规定了低温液体贮运设备的安全要求和措施、事故处理等要求。本标准适用于贮存液氧、液氮、液氩的固定式低温液体容器，运输液氧、液氮、液氩的汽车罐车及罐式集装箱。二氧化碳、氪等非易燃低温液体贮运设备可参照使用本标准贮运氧、氮、氩类低温液体的条款
	QB/T 4498—2013	桶装啤酒冷藏箱	2013.08.12	2013.12.01	本标准规定了家用和类似用途桶装啤酒冷藏箱的术语和定义、产品分类与型号命名、要求、试验方法、检验规则、标志、包装、运输和贮存。本标准适用于200L以下的桶装啤酒冷藏箱
	T/HZBX 013—2018	冷链物流保温容器	2018.08.01	2018.08.20	本标准适用于不带供电装备的低温食品运输保温容器。本标准主要技术内容包括保温容器的规格、材料和性能以及对应的试验方法
	T/ZZB 0968—2019	保温容器保温箱	2019.02.22	2019.03.31	规定了保温容器保温箱的术语和定义、基本要求、技术要求、试验方法、检验规则、标志包和贮存、质量承诺。适用于储存有预包装的食品或饮料，用塑料内胆和外壳间填充隔热材料达到隔热效果的保温容器
其他	GB/T 21001.2—2015	制冷陈列柜 第2部分：分类、要求和试验条件	2015.09.11	2016.04.01	本部分规定了用于销售和陈列食品的制冷陈列柜的结构、特性和性能的要求，同时也规定了制冷陈列柜的试验条件、试验方法、分类方法、分级方法和由制造商提供的产品标志及产品特性信息。本部分不适用于制冷自动售货机和适用于餐饮的非零售用的制冷柜；也不适用于陈列柜内所展示食品类型的选择
	GB/T 21001.3—2015	制冷陈列柜 第3部分：试验评定	2015.09.11	2016.04.01	补充规定了用于销售和陈列食品的制冷陈列柜的安全和性能的试验评定方法，以及评定依据标准

分类	标准编号	标准名称	发布日期	实施日期	规定范围
其他	GB/T 35145—2017	冷链温度记录仪	2017.12.29	2018.07.01	本标准规定了冷链温度记录仪的产品分类和基本参数、技术要求、试验方法、检验规则及标志、包装、贮藏要求。适用于电子式冷链温度记录仪，不适用于机械走纸式记录仪
	GB/T 10942—2017	散装乳冷藏罐	2017.09.29	2018.04.01	本标准规定了散装乳冷藏罐的范围、术语、技术要求、试验方法、试验报告。本标准适用于农场、乳收集点的二次挤乳量（24h）和四次挤乳量（48h）自动控制的固定式或移动式散装乳冷藏罐
	GB/T 24616—2019	冷藏、冷冻食品物流包装、标志、运输和存储	2019.08.30	2020.03.01	对于冷藏、冷冻食品的包装、运输、温度控制、储存、记录保存期限等方面都提出明确的要求，旨在规范企业的经营、保障食品安全
	JB/T 12908—2016	冷链物流用蓄冷超导箱式转运设备技术条件	2016.10.22	2017.04.01	本标准规定了冷链物流用的蓄冷超导箱式转运设备的术语和定义、分类、基本要求、试验方法、检验规则、标志、包装、运输和贮存等。标准适用于不同类型、规格的冷链物流用蓄冷超导箱式转运设备
	JB/T 7244—2018	冷柜	2018.04.30	2018.12.01	本标准规定了冷柜的术语和定义、型式与型号、技术要求、试验方法、检验规则以及标志、包装、运输和贮存。本标准适用于电动机驱动压缩机的自携式冷柜
	T/CAS 254—2016	低温乳品冷柜	2016.11.15	2016.11.15	本标准规定了低温乳品冷柜的术语和定义、技术要求、试验方法、检验规则及标志、包装、运输和贮存。本标准适用于专门储藏低温乳品的陈列冷藏柜
	T/CAS 293—2017	水果保鲜柜通用要求	2017.12.29	2017.12.29	本标准规定了水果保鲜柜的术语和定义、要求、试验方法、检验规则及标志、包装、运输和贮存。本标准适用于具有水果保鲜功能的间室。本标准适用于具有水果保鲜功能的保鲜柜。与水果存储要求一致的蔬菜保鲜功能的间室或蔬菜保鲜柜也可参照本标准

续　表

分类	标准编号	标准名称	发布日期	实施日期	规定范围
其他	T/TJWL 001—2018	食品冷链用塑料蓄冷包	2018.12.24	2018.12.29	本标准规定了食品冷链用塑料蓄冷包的术语和定义、产品编码、技术要求等内容。本标准适用于食品冷链中由蓄冷剂和包装用塑料复合膜构成的塑料蓄冷包
	T/TJWL 002—2018	食品冷链用塑料蓄冷板	2018.12.24	2018.12.29	本标准规定了蓄冷材料及产品的术语和定义、产品编码、技术要求等内容。本标准适用于食品冷链中由蓄冷剂和塑料成型材料（塑料盒）构成的塑料蓄冷板
	T/TJWL 003—2018	食品冷链用塑料软包材	2018.12.24	2018.12.29	本标准规定了食品冷链用塑料软包材的术语和定义、产品编码、技术要求、试验方法、检验规则、包装、标志、存储、运输和产品寿命。本标准适用于食品冷链中由蓄冷剂和多层共挤膜构成的塑料软包材
	T/TJWL 004—2018	食品冷链用蓄冷剂	2018.12.24	2018.12.29	本标准规定了食品冷链用蓄冷剂的术语和定义、产品编码、技术要求、试验方法、检验规则、标志、包装、运输、存储以及不合格品、废弃品的处置等内容。本标准适用于冷链物流特别是食品冷链物流配送中使用的冷链蓄冷剂
	JT/T 1288—2020	冷藏集装箱多式联运技术要求	2020.02.28	2021.04.01	本标准规定了冷藏集装箱多式联运的设施设备要求、联运作业要求、联运信息要求，本标准适用于冷藏集装箱的多式联运
	JT/T 1348—2020	冷链货物空陆联运通用要求	2020.12.20	2021.04.01	本标准规定了冷链货物空陆联运的基本要求及温度监测、设施设备、交接转运、信息采集与追溯、异常情况处理等要求。本标准适用于国内冷链货物航空和道路的联运

表 B-3　　　　　　　　　　　冷链技术与管理标准

分类	标准编号	标准名称	发布日期	实施日期	规定范围
综合	GB/T 28843—2012	食品冷链物流追溯管理要求	2012.11.05	2012.12.01	本标准规定了食品冷链物流的追溯管理总则以及建立追溯体系、温度信息采集、追溯信息管理和实施追溯的管理要求。适用于预包装食品从生产结束到销售之前冷链物流环节中的追溯管理
	GB 31605—2020	食品安全国家标准食品冷链物流卫生规范	2020.09.11	2021.03.11	本标准规定了在食品冷链物流过程中的基本要求、交接、运输配送、储存、人员和管理制度、追溯及召回、文件管理等方面的要求和管理准则
	GB/T 31086—2014	物流企业冷链服务要求与能力评估指标	2014.12.22	2015.07.01	本标准规定了物流企业从事农产品、食品冷链服务所应满足的基本要求，以及物流企业冷链服务类型、能力级别划分及评估指标。本标准适用于物流企业的农产品、食品冷链服务及管理
	GB/T 33305—2016	易腐食品加工储运过程信息采集与工艺优化指南	2016.12.13	2017.07.01	本标准规定了易腐食品加工储运过程质量安全信息的采集要求，以及依据过程信息进行工艺优化与评审的流程和内容。本标准适用于易腐食品加工储运过程的信息采集和工艺优化
	GB/T 36080—2018	条码技术在农产品冷链物流过程中的应用规范	2018.03.15	2018.10.01	本标准规定了条码技术在农产品冷链物流过程中的编码规则、符号表示、检测与质量评价。适用于农产品获取、加工、冷冻贮藏等关键冷链物流环节条码技术的应用
	GB/T 37060—2018	农产品流通信息管理技术通则	2018.12.28	2019.07.01	本标准规定了农产品流通信息管理的一般要求、信息内容、采集要求、存储要求、交换要求、使用要求和归档要求。本标准适用于农产品流通过程中收购、初加工、交易、储运等环节信息的管理
	GB/T 36088—2018	冷链物流信息管理要求	2018.03.15	2018.10.01	本标准规定了冷链物流信息管理原则、信息内容和信息管理要求。适用于冷链物流各环节信息的记录和应用

分类	标准编号	标准名称	发布日期	实施日期	规定范围
综合	SB/T 10828—2012	豆制品良好流通规范	2012.12.20	2013.06.01	本标准规定了豆制品良好流通规范的要求。本标准适用于豆制品销售链中采购、流通加工、贮存、运输、销售等流通环节中的任何组织
	SB/T 10928—2012	易腐食品冷藏链温度检测方法	2013.01.23	2013.09.01	本标准规定了易腐食品冷链各环节中环境空气温度和食品温度的检测要求和方法。本标准适用于易腐食品在冷藏链加工、贮藏、运输、销售各环节及环节间的环境空气温度、食品或其包装的表面温度和食品中心温度的测量。通过冷链流通的其他货物，其有关温度测量方法可参照本标准执行
	SB/T 10648—2012	冷藏调制食品	2012.03.15	2012.06.01	本标准规定了冷藏调制食品的术语和定义、分类、技术要求、检验方法、检验规则及标签和标志、包装、贮存、运输、销售及召回的要求。本标准适用于某些产品的生产、检验和销售
	SB/T 11151—2015	冷链配送低碳化评估标准	2015.11.09	2016.09.01	本标准规定了冷链配送低碳化的定义与适用环节，以及我国冷链配送的低碳化评估指标。本标准适用于冷链配送作业规范与管理
	WB/T 1054—2015	餐饮冷链物流服务规范	2015.10.21	2016.02.01	本标准规定了餐饮冷链物流服务的基本要求、包装、储存等的主要评价指标。本标准适用于餐饮食材在流通过程中的冷链物流服务及管理
	WB/T 1103—2020	食品冷链末端配送作业规范	2020.05.11	2020.06.01	本标准规定了食品冷链末端配送的基本要求和作业要求，适用于对食品冷链末端配送的作业与管理
	YZ/T 0162—2017	冷链快递服务	2017.12.20	2018.03.01	本标准规定了冷链快递服务的服务分类、基本要求、服务条件、服务环节、服务质量评价与改进等内容。本标准适用于提供冷链快递服务的组织和人员，药品冷链快递除外

分类	标准编号	标准名称	发布日期	实施日期	规定范围
综合	T/WD 101—2017	冷链运营管理规范	2017.04.25	2017.06.01	本标准适用于全国冷链运营联盟会员企业的各类温控食品冷链运营管理。其他企业的温控食品冷链运营管理、药品冷链运营管理，可参照本标准执行。面向消费者个人的末端冷链运营管理，不适用本标准
	T/HZBX 016—2018	冷链物流温度检测与要求	2018.08.01	2018.08.20	本标准规定了主要低温食品的储、运、销作业的温度测量仪器、测量方法、测量要求、测量位置和温湿度环境要求
	T/CCCA 0001—2018	冷链物流企业综合能力评价指标体系	2018.12.01	2018.12.02	本标准规定了冷链物流企业综合能力评价方法涉及的定义和相关术语、通用要求、评价指标、计算方法以及发布评价结果等内容的相关要求。本标准适用于行业组织或第三方对冷链物流企业综合能力评价，也可用于冷链物流企业综合能力评价
	T/ZSHYSH 2—2018	"互联网＋绿色"生鲜市场管理规范	2018.06.08	2018.06.25	本标准规定了生鲜市场的术语和与定义、经营要求、日常经营管理、商品管理等要求。本标准适用于生鲜市场经营及日常管理
	T/DGSWLHYXH 001—2018	冷链物流低温食品温控技术与管理规范	2018.04.28	2018.05.08	本标准规定了冷链物流的冷库储存和运输环节的作业管理机制、储存温湿度控制技术、运输温度控制技术、作业人员技术要求等内容。本标准适用于低温食品在储存、运输环节中的温湿度控制
	T/CCA 008—2018	自动售贩机冷链鲜食餐品制作、配送及食用管理规范	2018.11.06	2019.01.01	本标准规定了自动售贩机冷链鲜食餐品制作及配送过程中的环节对场所等的基本管理准则。标准包括术语和定义等内容，并在附录中对冷链鲜食产品加工制作过程中的内容作了相关规定
	T/HZBX 017—2018	冷链物流低温食品履历追溯管理规范	2018.08.01	2018.08.20	本标准适用于冷链产业中低温食品从供货至展售的过程追踪，涵盖各环节与其对应作业的质量状况。本标准规范了包括冷藏、冷冻、生鲜等低温食品冷链物流履历追溯管理的总则、体系建立、信息管理及实施

分类	标准编号	标准名称	发布日期	实施日期	规定范围
综合	T/SYWLXH 0007—2018	食品冷链物流技术管理规范	2018.09.03	2018.11.11	本标准规定了食品在销售流通过程中的冷链物流操作、冷藏存储管理、运输、批发、加工、配送、贸易等环节的温度控制、产品卫生质量管理要求
	T/CQLC 005—2019	动物性火锅食材冷链物流作业操作规范	2018.01.28	2018.04.01	本标准规定了动物性火锅食材（以下简称火锅食材）在冷链物流中的分类、冷链物流流程，以及火锅食材在冷链物流仓储、运输、配送和门店销售过程中的温度控制和冷链作业要求。本标准适用于重庆火锅食材冷链物流的温度控制与作业管理
	T/GDFPT 0001—2019	食品生产流通冷链包装、运输与储藏规范	2019.05.31	2019.06.01	本标准规定了食品生产流通冷链包装、运输与储藏规范的术语和定义、冷链过程质量管理基本要求，以及冷链包装、运输与储藏。本标准适用于食品生产流通冷链环节的包装、运输与储藏过程管理
	T/GDFPT 0002—2019	食品生产流通冷链分拣与配送规范	2019.05.31	2019.06.01	本标准规定了食品生产流通冷链分拣与配送规范的术语和定义、冷链过程质量管理基本要求，以及冷链分拣、冷链配送。本标准适用于食品生产流通冷链环节的分拣与配送过程管理
	T/GDFPT 0003—2019	食品生产流通冷链产品召回与追溯管理规范	2019.05.31	2019.06.01	本标准规定了食品生产流通冷链产品召回与追溯管理规范的术语和定义、冷链产品召回管理、冷链物流废弃物管理与冷链物流追溯管理。本标准适用于食品生产流通冷链环节的产品召回、废弃物管理与物流追溯管理
	GB/T 39664—2020	电子商务冷链物流配送服务管理规范	2020.12.14	2021.07.01	本标准规定了电子商务冷链物流配送的基本要求、管理要求、作业流程及要求和评审及改进。适用于电子商务冷链物流配送服务提供方对配送作业服务的管理，本文件不适用于医药冷链物流配送

分类	标准编号	标准名称	发布日期	实施日期	规定范围
速冻食品	GB 19295—2011	速冻面米制品	2011.11.21	2011.12.21	本标准适用于预包装速冻面米制品。本标准代替 GB 19295—2003 速冻预包装面米食品卫生标准（含第 1 号修改单）
	GB/T 31273—2014	速冻水果和速冻蔬菜生产管理规范	2014.10.10	2015.03.11	本标准规定了速冻水果和速冻蔬菜生产管理规范的术语和定义，总则、文件要求、原料要求、厂房、设施和设备、人员要求、卫生管理、生产过程的控制和质量管理等的要求。本标准适用于速冻水果和蔬菜的生产管理
	GB/T 34317—2017	食用菌速冻品流通规范	2017.09.07	2018.04.01	本标准规定了食用菌速冻品流通的基本要求、包装、贮存、运输、销售、召回等内容。本标准适用于食用菌速冻品
	GB 31646—2018	食品安全国家标准速冻食品生产和经营卫生规范	2018.06.21	2019.06.21	本标准规定了速冻食品原料采购、加工、包装、贮存、运输和销售等环节的场所、设施与设备、人员的基本要求和管理准则。本标准适用于速冻食品，不适用于冷冻饮品
	SB/T 10699—2012	速冻食品生产管理规范	2012.03.15	2012.06.01	本标准规定了速冻食品生产管理规范的术语和定义、总则、文件要求、原辅料及食品添加剂要求、厂房和设施、人员要求及管理、卫生管理、生产过程的关键控制、质量管理和标识的要求。本标准适用于某些产品的生产、检验、运输和售后服务
	SB/T 10824—2012	速冻食品二维条码识别追溯技术规范	2012.12.20	2013.06.01	本标准规定了速冻食品二维条码识别追溯规范的术语和定义、追溯的原则和目标、系统功能、追溯信息的要求。本标准适用于对速冻食品原辅料选用、加工、储运、配送及销售过程信息的可追溯管理
	SB/T 10827—2012	速冻食品物流规范	2012.12.20	2013.06.01	本标准规定了速冻食品物流规范的术语和定义、速冻食品物流流程、速冻食品品质要求、包装、标签与标志、运输和储藏、配送、销售和召回的要求。本标准适用于速冻食品的流通环节

分类	标准编号	标准名称	发布日期	实施日期	规定范围
速冻食品	SB/T 10824—2012	速冻食品二维条码识别追溯技术规范	2012.12.20	2013.06.01	本标准规定了速冻食品二维条码识别追溯规范的术语和定义、追溯的原则和目标、系统功能、追溯信息的要求。本标准适用于对速冻食品原辅料选用、加工、储运、配送及销售过程信息的可追溯管理
乳制品	NY/T 2362—2013	生乳贮运技术规范	2013.06.03	2013.08.01	本标准规定了生乳贮存和运输的术语和定义、贮运工具、贮运工具的清洗消毒、生乳贮存和生乳运输。适用于生鲜乳收购站、牧场、奶牛养殖合作社和生乳运输部门
	T/CQLC 001—2019	冷藏乳制品冷链物流作业规范	2019.01.28	2019.04.01	本标准规定了冷藏乳制品冷链物流作业的术语和定义、冷藏库技术及管理要求、仓储、运输、装卸与配送、交接、温度监控系统等。本标准适用于冷藏乳制品贮存、装卸、运输等环节的冷链物流作业过程
水产品	GB/T 26544—2011	水产品航空运输包装通用要求	2011.06.16	2012.01.01	本标准规定了航空运输水产品包装的基本要求、包装材料、包装容器和包装方法。适用于水产品航空运输包装。不适用于有特殊要求的水产品包装
	GB/T 27638—2011	活鱼运输技术规范	2011.12.30	2012.04.01	本标准规定了活鱼运输的术语和定义、基本要求和充氧水运输、保湿无水运输、活水舱运输和暂养管理技术的要求。适用于商品鱼的活体流通运输，亲鱼、鱼种和鱼苗的运输可参照执行
	GB/T 29568—2013	农产品追溯要求 水产品	2013.07.19	2013.12.06	本标准规定了水产品供应链可追溯体系的构建和追溯信息的记录要求。本标准适用于水产品供应链中各组织可追溯体系的设计和实施
	GB/T 31080—2014	水产品冷链物流服务规范	2014.12.22	2015.07.01	本标准规定了水产品冷链物流服务的基本要求、接收地作业、运输、仓储作业、加工与配送、货物交接、包装与标志要求和服务质量的主要评价指标。本标准适用于鲜、活、冷冻和超低温动物性水产品流通过程中的冷链物流服务。水产品生产过程中涉及的水产品冷链物流服务可参照执行

分类	标准编号	标准名称	发布日期	实施日期	规定范围
水产品	GB/T 34767—2017	水产品销售与配送良好操作规范	2017.11.01	2018.05.01	本标准规定了水产品销售操作的基本要求、批发要求、配送要求、零售要求和人员管理。本标准适用于水产品销售与配送活动的质量控制
	GB/T 34770—2017	水产品批发市场交易技术规范	2017.11.01	2018.05.01	本标准规定了水产品批发市场交易环境要求、交易设施设备、交易要求、人员管理要求和记录管理。本标准适用于专业水产品批发市场交易，农产品批发市场中的水产品交易
	GB/T 36192—2018	活水产品运输技术规范	2018.05.14	2018.12.01	本标准规定了活水产品运输的基本要求、运输工具、运输管理和暂养，适用于活鱼、活虾、活贝、活蟹的运输，其他活水产品可参照执行
	NY/T 2976—2016	绿色食品冷藏、速冻调制水产品	2016.10.26	2017.04.01	本标准规定了绿色食品冷藏、速冻调制水产品的术语和定义、分类、要求、检验规则、标签、包装、运输和储存。本标准适用于冷藏或速冻条件下的绿色食品调制水产品。不适用于绿色食品鱼糜制品、海参制品、海蜇制品、蛙类制品、藻类制品、干制水产品、水产调味品、软体动物休闲食品、水产品罐头；也不适用于生食调制水产品
	SB/T 10877—2012	冷冻对虾购销规范	2013.01.04	2013.07.01	本标准规定了冷冻对虾购销过程中的商品要求、包装与标识、贮藏与保鲜、产地采购要求、批发、销售、购销风险管理和购销管理要求。本标准适用于批发市场和零售市场的冷冻对虾购销
	SB/T 11032—2013	冷冻水产品购销技术规范	2013.06.14	2014.03.01	本标准规定了冷冻水产品购销过程中的商品质量基本要求、包装与标识、加工、贮藏与保鲜、产地采购要求、运输、批发与零售以及购销管理要求。本标准适用于冷冻水产品（如冻带鱼、冻大黄鱼、冻罗非鱼等）的批发与零售

续　表

分类	标准编号	标准名称	发布日期	实施日期	规定范围
水产品	WB/T 1100—2018	活体海产品冷链物流作业规范	2018.07.16	2018.08.01	本标准规定了鲜活甲壳类海产品冷链运输规范的定义、基本要求、包装材料、暂养、包装、装载、运输配送、货物交接、服务质量的主要评价指标。适用于鲜活海产品在活体运输过程中的第三方冷链物流服务及管理
	T/CAWA 002—2017	冰鲜金鲳鱼流通规范	2017.07.01	2017.09.01	本标准规定了冰鲜金鲳鱼的商品质量基本要求、商品等级划分、包装、标识和流通过程要求
	T/CAWA 001—2017	冰鲜海鲈鱼流通规范	2017.07.01	2017.09.01	本标准规定了冰鲜海鲈鱼的商品质量基本要求、商品等级划分、包装、标识和流通过程要求
	T/FSAS 19—2018	鲜活水产品冷链物流技术规范	2018.07.01	2018.07.10	本标准规定了鲜活水产品冷链物流的术语和定义、低温暂养过程和物流配送过程的技术要求
	T/HZBX 019—2018	水产品类冷链物流操作规范	2018.08.01	2018.08.20	本标准适用于从事水产品相关货品的储存、运输、展售等处理作业。本标准规定了水产品冷链物流的货品包装与标识、储存、运输、展售关键作业流程的基本要求
	T/SYWLXH 0010—2019	海产品冷链物流管理规范	2019.02.18	2019.04.01	本标准适用于海产品冷链物流操作管理，包括仓储、配送、冷冻等环节
肉制品	GB/T 28640—2012	畜禽肉冷链运输管理技术规范	2012.07.31	2012.11.01	本标准规定了畜禽肉的冷却冷冻处理、包装及标识、贮存、装卸载、运输、节能要求以及人员的基本要求。本标准适用于生鲜畜禽肉从运输准备到实现最终消费前的全过程冷链运输管理
	GB 20799—2016	食品安全国家标准 肉和肉制品经营卫生规范	2016.12.23	2017.12.23	本标准规定了肉和肉制品经营过程中的食品安全要求。本标准适用于肉和肉制品经营活动。本标准的肉包括鲜肉、冷却肉和冻肉等。不适用于网络食品交易、餐饮服务、现制现售的肉和肉制品经营活动

分类	标准编号	标准名称	发布日期	实施日期	规定范围
肉制品	GB/T 34769—2017	肉类批发市场交易技术规范	2017.11.01	2018.02.01	本标准规定了肉类批发市场的交易环境、交易设施设备、交易管理要求、人员管理和记录管理。本标准适用于肉类批发市场交易和农产品批发市场内的肉类交易
	NY/T 2534—2013	生鲜畜禽肉冷链物流技术规范	2013.12.12	2014.04.01	本标准规定了生鲜畜禽肉冷链物流过程的术语和定义、冷加工、包装、贮存、运输、批发及零售的要求。适用于生鲜畜禽肉整个冷链物流过程中的质量控制
	SN/T 0396—2011	进出口冷冻畜禽肉检验规程	2011.09.09	2012.04.01	本标准规定了进出口冷冻畜禽肉的抽样、检验、贮存和运输要求，检验结果的判定和处置，检验有效期。本标准适用于进出口冷冻畜禽肉的检验。鲜（冷）畜、禽肉和野生畜、禽经屠宰、分割加工的冷冻肉类产品的检验可参照本标准
	SB/T 10730—2012	易腐食品冷藏链技术要求禽畜肉	2012.08.06	2012.11.01	本标准规定了猪、牛、羊和鸡、鸭、鹅等肉类食品（以下简称畜禽肉）在冷藏链中的加工、贮藏、运输、销售各环节及环节间的技术要求。本标准适用于供人类食用的冷却、冷冻畜禽肉。本标准不适用于肉类制品
	SB/T 10731—2012	易腐食品冷藏链操作规范畜禽肉	2012.08.06	2012.11.01	本标准规定了猪、牛、羊和鸡、鸭、鹅等肉类食品在冷藏链中的加工、贮藏、运输、销售各环节及环节间的操作要求。本标准适用于供人类食用的冷却、冷冻畜禽肉。本标准不适用于肉类制品
	SB/T 10408—2013	中央储备肉冻肉储存冷库资质条件	2014.04.06	2014.12.01	本标准规定了中央储备冻肉储存冷库的质量管理体系、环境、设施设备、管理、安全、人员、资信、出入库管理及其他要求等方面的要求。本标准适用于中央储备冻肉储存冷库的确立、管理和公检

分类	标准编号	标准名称	发布日期	实施日期	规定范围
肉制品	WB/T 1059—2016	肉与肉制品冷链物流作业规范	2016.10.24	2017.01.01	本标准规定了肉与肉制品冷链物流的基本原则、基本要求、冷链作业、包装与标识等。标准适用于肉与肉制品冷链物流过程中的控温与作业管理
	T/HZBX 020—2018	畜禽肉类冷链物流操作规范	2018.08.01	2018.08.20	本标准适用于从事储蓄肉相关货品的储存、运输、展售等处理作业
果蔬	GB/T 25867—2010	根菜类冷藏和冷藏运输	2011.01.10	2011.06.01	本标准规定了新鲜根菜类蔬菜的冷藏和冷藏运输的技术条件。适用于无茎的根菜类蔬菜在大容量的贮藏库中进行长期冷藏和冷藏运输。不适用于带叶的根菜类蔬菜，其只能做短期贮藏。适用于萝卜、菊牛蒡、胡萝卜、辣根、根用香芹、根甜菜和类似的根菜类作物
	GB/T 25868—2010	早熟马铃薯预冷和冷藏运输指南	2011.01.10	2011.06.01	本标准给出了用于直接食用或者用于加工的早熟马铃薯的预冷和冷藏运输的指南。适用于采后直接销售的早熟马铃薯，一般是在完全成熟前采收，且外皮易除去
	GB/T 25869—2010	洋葱贮藏指南	2011.01.10	2011.06.01	本标准给出了洋葱在使用或者不使用人工制冷条件下的贮藏指南，目的是使其长期贮藏并在新鲜状态下销售。标准适用的范围参见附录A
	GB/T 25870—2010	甜瓜冷藏和冷藏运输	2011.01.10	2011.06.01	本标准规定了甜瓜冷藏和冷藏运输前的处理，以及冷藏和冷藏运输的技术条件。适用于早、中、晚熟甜瓜的栽培品种
	GB/T 25871—2010	结球生菜预冷和冷藏运输指南	2011.01.10	2011.06.01	本标准给出了结球生菜预冷和冷藏运输的指南。适用于结球生菜的预冷和冷藏运输
	GB/T 25872—2010	马铃薯通风库贮藏指南	2011.01.10	2011.06.01	本标准给出了种用、食用或加工用马铃薯在通风贮藏库中的贮藏指南。标准给出的贮藏方法有利于种用马铃薯的生长潜力和出芽率，以及食用马铃薯的良好烹饪品质。标准的贮藏方法适用于温带地区

分类	标准编号	标准名称	发布日期	实施日期	规定范围
果蔬	GB/T 25873—2010	结球甘蓝冷藏和冷藏运输指南	2011.01.10	2011.06.01	本标准规定了结球甘蓝在冷藏和冷藏运输前的操作,以及冷藏和冷藏运输的指南。适用于结球的食用甘蓝
	GB/T 26432—2010	新鲜蔬菜贮藏与运输准则	2011.01.14	2011.06.01	本标准规定了新鲜蔬菜贮藏与运输前的准备、贮藏与运输的方式和条件、贮藏与运输的管理等准则。本标准适用于新鲜蔬菜的贮藏与运输,包括加工配送用的新鲜蔬菜
	GB/T 26901—2020	李贮藏技术规程	2020.11.19	2021.06.01	规定了李果实的采收、果品质量要求、分选与包装、贮藏前准备、预冷与入库、贮藏方式与贮藏条件、贮藏管理、贮藏期限、出库与包装、运输等。该标准适用于中国李的新鲜果实商业贮藏和运输,其他种类的李可参照。本标准代替 GB/T 26901—2011 李贮藏技术规程
	GB/T 26904—2020	桃贮藏技术规程	2020.11.19	2021.06.01	规定了桃果实的采收与质量要求、贮藏前准备、采后处理与入库、贮藏方式与贮藏条件、贮藏管理、贮藏期限、出库、包装与运输等。该标准适用于桃、油桃、蟠桃等果实的商业贮藏和运输。本标准代替 GB/T 26904—2011 桃贮藏技术规程
	GB/T 29373—2012	农产品追溯要求果蔬	2012.12.31	2013.07.01	本标准规定了果蔬供应链可追溯体系的构建和追溯信息的记录要求。本标准适用于果蔬供应链中各组织可追溯体系的设计和实施
	GB/T 31273—2014	速冻水果和速冻蔬菜生产管理规范	2014.10.10	2015.03.11	本标准规定了速冻水果和速冻蔬菜生产管理规范的术语和定义、总则等的要求。本标准适用于速冻水果和蔬菜的生产管理
	GB/T 33129—2016	新鲜水果、蔬菜包装和冷链运输通用操作规程	2016.10.13	2017.05.01	本标准规定了新鲜水果、蔬菜包装、预冷、冷链运输的通用操作规程。本标准适用于新鲜水果、蔬菜的包装、预冷和冷链运输操作

续　表

分类	标准编号	标准名称	发布日期	实施日期	规定范围
果蔬	GB/T 35105—2017	鲜食果蔬城市配送中心服务规范	2017.12.29	2018.07.01	本标准规定了鲜食果蔬城市配送中心的术语和定义、总则、一般要求、服务流程及要求、产品追溯、投诉处理、评价与改进等。本标准适用于鲜食果蔬城市配送中心的服务与管理
	GB/T 34768—2017	果蔬批发市场交易技术规范	2017.11.01	2018.02.01	本标准规定了果蔬批发市场的交易环境、市场设施设备、交易管理要求、人员管理和记录管理。本标准适用于果蔬批发市场交易和农产品批发市场的果蔬交易
	BB/T 0079—2018	热带水果包装通用技术要求	2018.12.21	2019.07.01	本标准规定了热带水果包装的分类、技术要求、标识、运输和贮存等。本标准适用于热带水果包装的设计、生产及流通环节
	GH/T 1129—2017	青椒冷链物流保鲜技术规程	2017.02.28	2017.07.01	本标准规定了青椒采收、产品质量、分级、预冷等要求。本标准适用于青椒的冷链物流
	GH/T 1130—2017	蒜薹冷链物流保鲜技术规程	2017.02.28	2017.07.01	本标准规定了蒜薹产品质量、采收、分拣整理、贮前准备、预冷、保鲜处理、包装、贮藏、出库、运输、销售等要求。本标准适用于鲜蒜薹的冷链物流
	GH/T 1131—2017	油菜冷链物流保鲜技术规程	2017.02.28	2017.07.01	本标准规定了油菜采收、产品质量、预冷、包装与标识、冷藏、出库、运输和销售等要求。本标准适用于叶用油菜的冷链物流
	GH/T 1228—2018	蓝莓冷链流通技术操作规程	2018.06.20	2018.10.01	本标准规定了蓝莓采收、分级、预冷、贮藏、出库、包装，运输、销售等冷链流通环节的技术要求。本标准适用于新鲜蓝莓的冷链流通
	GH/T 1238—2019	甜樱桃冷链流通技术规程	2019.03.21	2019.10.01	本标准规定了甜樱桃采收、分级、预冷、包装、贮藏、出库、标识、运输、销售冷链流通环节技术要求。本标准适用于鲜食甜樱桃的冷链流通
	GH/T 1272—2019	枇杷冷链流通技术规程	2019.11.28	2020.03.01	本标准规定了枇杷采收、预冷、分级、包装、贮藏、运输、销售等冷链流通环节的技术要求。本标准适用于鲜食枇杷的冷链流通

分类	标准编号	标准名称	发布日期	实施日期	规定范围
果蔬	NY/T 1993—2011	农产品质量安全追溯操作规程蔬菜	2011.09.01	2011.12.01	本标准规定了蔬菜质量安全追溯的术语和定义、要求、编码、关键控制点、信息采集、信息管理、追溯标识、体系运行自查和质量安全问题处置。本标准适用于蔬菜质量安全追溯体系的实施
	NY/T 2117—2012	双孢蘑菇冷藏及冷链运输技术规范	2012.02.21	2012.05.01	本标准规定了鲜销或加工用的双孢蘑菇采收后的冷藏及冷链运输技术规范。适用于人工栽培的新鲜双孢蘑菇、双环蘑菇的冷藏及冷链运输
	NY/T 2315—2013	杨梅低温物流技术规范	2013.05.20	2013.08.01	本标准规定杨梅鲜果的采收和质量要求、分级、预冷等低温物流技术。适用于东魁和荸荠种等杨梅品种的低温物流，其他品种可参照本标准执行
	NY/T 2380—2013	李贮运技术规范	2013.09.10	2014.01.01	本标准规定了鲜李贮运的贮前质量与采收要求、库房与入库要求、冷藏条件、出库与贮后质量、运输和检验。本标准适用于鲜李的贮藏和运输
	NY/T 2381—2013	杏贮运技术规范	2013.09.10	2014.01.01	本标准规定了鲜杏贮运的贮前质量与采收要求、库房与入库要求、冷藏条件、出库与贮后质量、运输和检验。本标准适用于鲜杏的贮藏和运输
	NY/T 3026—2016	鲜食浆果类水果采后预冷保鲜技术规程	2016.12.23	2017.04.01	本标准规定了鲜食浆果类果品的术语和定义、基本要求、预冷和储藏。本标准适用于葡萄、猕猴桃、草莓、蓝莓、树莓、蔓越莓、无花果、石榴、番石榴、醋栗、穗醋栗、杨桃、番木瓜、人心果等鲜食浆果类果品的采后预冷和储藏保鲜
	SB/T 10890—2012	预包装水果流通规范	2013.01.04	2013.07.01	本标准规定了预包装水果的商品质量基本要求、商品等级、包装、标识和流通过程要求。本标准适用于预包装水果的经营和管理

分类	标准编号	标准名称	发布日期	实施日期	规定范围
果蔬	SB/T 10714—2012	芹菜流通规范	2012.08.01	2012.11.01	本标准规定了芹菜流通的商品质量基本要求、商品等级、包装、标识和流通过程要求。适用于叶用芹菜（不含香芹）流通的经营和管理，不适用于根芹
	SB/T 10158—2012	新鲜蔬菜包装与标识	2013.01.04	2013.07.01	本标准规定了新鲜蔬菜的包装材料、包装容器等技术要求。本标准适用于各种新鲜蔬菜的加工、运输、贮藏、销售等流通环节的包装
	SB/T 10715—2012	胡萝卜贮藏指南	2012.08.01	2012.11.01	本标准规定了胡萝卜在使用或不使用人工制冷条件下达到最佳贮藏效果的贮藏方法。适用于胡萝卜的冬季贮藏。应用的局限性参见附录A
	SB/T 10716—2012	甜椒冷藏和运输指南	2012.08.01	2012.11.01	本标准给出了鲜食甜椒在短期存放、冷藏和冷藏运输过程中的贮藏方法。适用于加工用甜椒
	SB/T 10717—2012	栽培蘑菇冷藏和冷藏运输指南	2012.08.01	2012.11.01	本标准给出了鲜食或加工用栽培蘑菇的冷藏和长距离冷藏运输的技术条件
	SB/T 10728—2012	易腐食品冷藏链技术要求果蔬类	2012.08.01	2012.11.01	本标准规定了水果蔬菜类易腐食品在预冷、冷藏、运输、销售等环节及环节间的技术要求和包装标识要求。本标准适用于未经加工或经初级加工，供人类食用的新鲜蔬菜（包括食用菌）、水果等。本标准不适用于速冻果蔬类易腐食品
	SB/T 10729—2012	易腐食品冷藏链操作规范果蔬类	2012.08.01	2012.11.01	本标准规定了水果蔬菜类易腐食品在采后、预冷、冷藏、运输和销售等环节及环节间的操作规范。本标准适用于未经加工或经初级加工，供人类食用的新鲜蔬菜（包括食用菌）、水果等。本标准不适用于速冻果蔬类易腐食品
	SB/T 10889—2012	预包装蔬菜流通规范	2013.01.04	2013.07.01	本标准规定了预包装蔬菜的商品质量基本要求、商品等级、商品规格、包装、标识和流通过程的要求。本标准适用于预包装蔬菜的经营和管理

分类	标准编号	标准名称	发布日期	实施日期	规定范围
果蔬	SB/T 10966—2013	芦笋流通规范	2013.04.16	2013.11.01	本标准规定了芦笋的商品质量基本要求，商品等级、包装、标识和流通过程要求。适用于白芦笋和绿芦笋的流通经营和管理，其他类型的芦笋可参照执行
	SB/T 11031—2013	块茎类蔬菜流通规范	2013.06.14	2014.03.01	本标准规定了块茎类蔬菜的商品质量基本要求、商品等级、包装、标识和流通过程要求。本标准适用于马铃薯、姜、莲藕等块茎类蔬菜的流通，其他块茎类蔬菜的流通可参照执行
	SB/T 11029—2013	瓜类蔬菜流通规范	2013.06.14	2014.03.01	本标准规定了瓜类蔬菜的商品质量基本要求、商品等级、包装、标识和流通过程要求。本标准适用于黄瓜、苦瓜、丝瓜等瓜类蔬菜的流通，其他瓜类蔬菜的流通可参照执行
	T/CQLC 003—2018	保鲜花椒冷链作业规范	2019.01.28	2019.04.01	本标准规定了保鲜花椒的原料、加工、贮藏、运输要求。本标准适用于保鲜花椒的冷链储运
	T/NTJGXH 042—2018	花椰菜冷链物流技术规程	2018.09.30	2018.10.01	本标准规定了花椰菜冷链物流采收、预冷、原料整理、速冻加工、冷链运输、贮藏、加工配送、销售、工作人员、质量追溯、生产记录的要求
	T/NTJGXH 041—2018	黄秋葵冷链物流技术规程	2018.09.30	2018.10.01	本标准规定了黄秋葵冷链物流采收、预处理、原料整理、速冻加工、冷链运输、贮藏、加工配送、销售、工作人员、质量追溯、生产记录的要求
	T/NTJGXH 040—2018	荠菜冷链物流技术规程	2018.09.30	2018.10.01	本标准规定了荠菜冷链物流采收、预冷、原料预处理、速冻加工、冷链运输、贮藏、加工配送、销售、工作人员、质量追溯、生产记录的要求
	T/HZBX 018—2018	蔬果类冷链物流操作规范	2018.08.01	2018.08.20	本标准适用于从事蔬果相关货品的储存、运输、展售等处理作业。本标准不包括速冻类蔬果产品。本标准规定了蔬果冷链物流的术语和定义、货品包装与标识、储运、运输、展售关键作业流程的基本要求

分类	标准编号	标准名称	发布日期	实施日期	规定范围
果蔬	T/NTJGXH 022—2018	速冻糯玉米冷链物流技术规程	2018.08.15	2018.09.01	本标准适用于速冻糯玉米的冷链物流。适用于速冻糯玉米的原料采收和质量要求、原料处理、预冷等技术要求
	T/CDZX 003—2019	生鲜果蔬冷链物流操作规范	2019.04.15	2019.05.01	本标准规定了生鲜果蔬冷链物流的术语和定义、货品包装与标识、储存、运输、展售关键作业流程的基本要求。本标准适用于在常德市从事生鲜果蔬相关货品的处理作业。本标准不包括速冻类生鲜果蔬产品
	T/CQLC 004—2019	白萝卜冷链作业规范	2019.01.28	2019.04.01	本标准规定了白萝卜的采收、采后处理、冷藏、运输要求。本标准适用于白萝卜的冷链储运
冷冻	GB/T 30800—2014	冷冻饮品生产管理要求	2014.07.08	2014.11.01	本标准界定了冷冻饮品生产的术语和定义，规定了原料、辅料、食品添加剂及包装材料、厂区、厂房及设备、人员、卫生管理、生产过程、产品出厂检验和产品储存、运输的要求。本标准适用于从事冷冻饮品生产的企业
	CCAA 0013—2014	食品安全管理体系冷冻饮品及食用冰生产企业要求	2014.04.01	2014.04.01	本技术要求规定了冷冻饮品及食用冰生产企业建立和实施以HACCP原理为基础的食品安全管理体系的技术要求，包括人力资源、前提方案、关键过程控制、检验、产品追溯与撤回。本技术要求配合GB/T22000适用于冷冻饮品及食用冰生产企业建立、实施与自我评价其食品安全管理体系，也适用于对此类食品生产企业食品安全管理体系的外部评价和认证